ちくま新書

ミャンマー政変

――クーデターの深層を探る

北川成史
Kitagawa Shigefumi

1587

ミャンマー政変——クーデターの深層を探る【目次】

第三章　多民族国家の矛盾　

第四章 狭まる言論 169

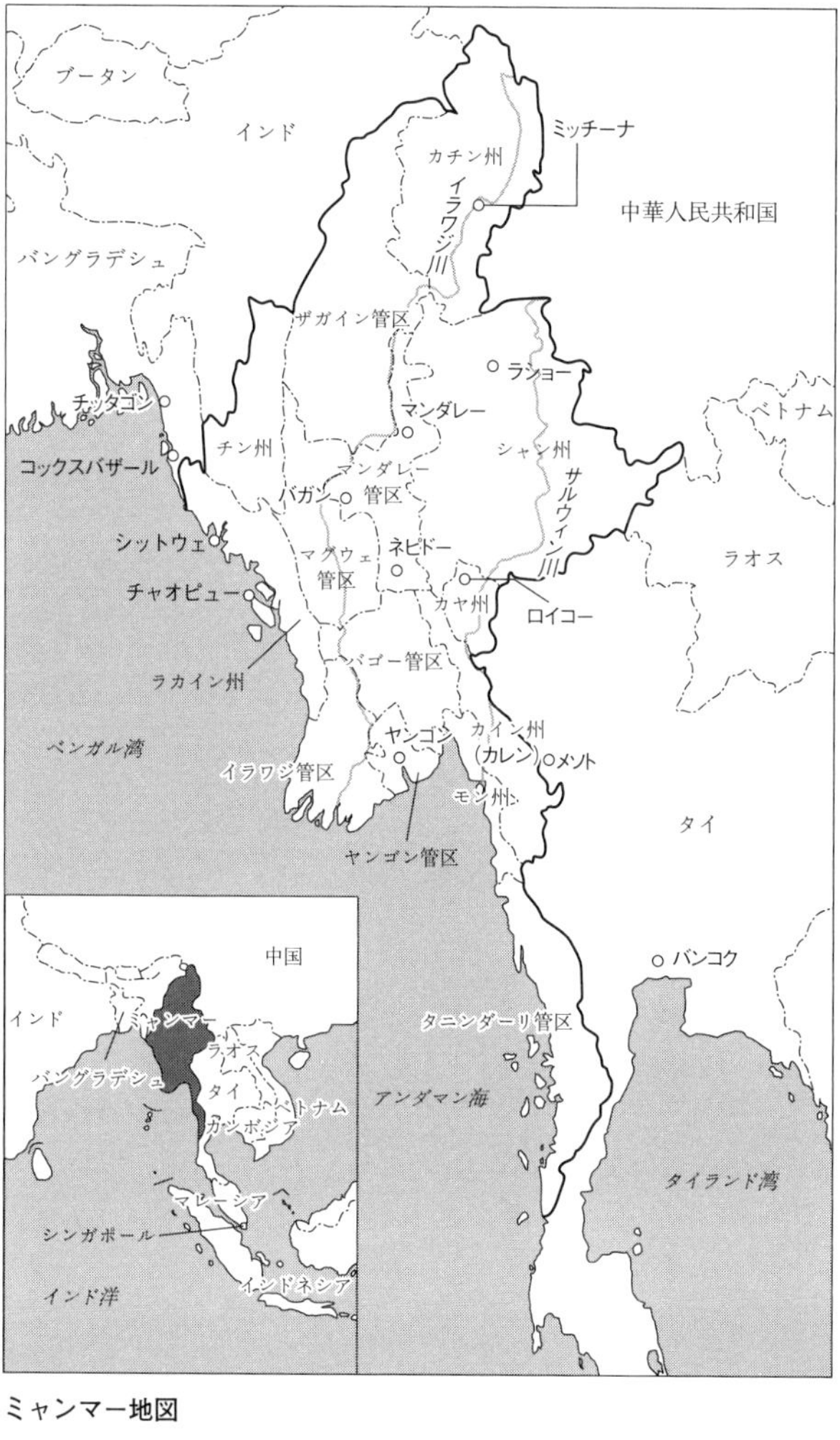
ブータン
インド
バングラデシュ
中華人民共和国
ミッチーナ
カチン州
イラワジ川
ザガイン管区
ラショー
マンダレー
ベトナム
チッタゴン
チン州
シャン州
コックスバザール
マンダレー管区
バガン
サルウィン川
シットウェ
ネピドー
マグウェ管区
ラオス
チャオピュー
カヤ州
ロイコー
ラカイン州
バゴー管区
ベンガル湾
ヤンゴン
カイン州
(カレン)
メソト
イラワジ管区
モン州
タイ
ヤンゴン管区
中国
バンコク
インド
ミャンマー
タニンダーリ管区
ラオス
バングラデシュ
タイ
ベトナム
アンダマン海
カンボジア
マレーシア
タイランド湾
シンガポール
インドネシア
インド洋

ミャンマー地図

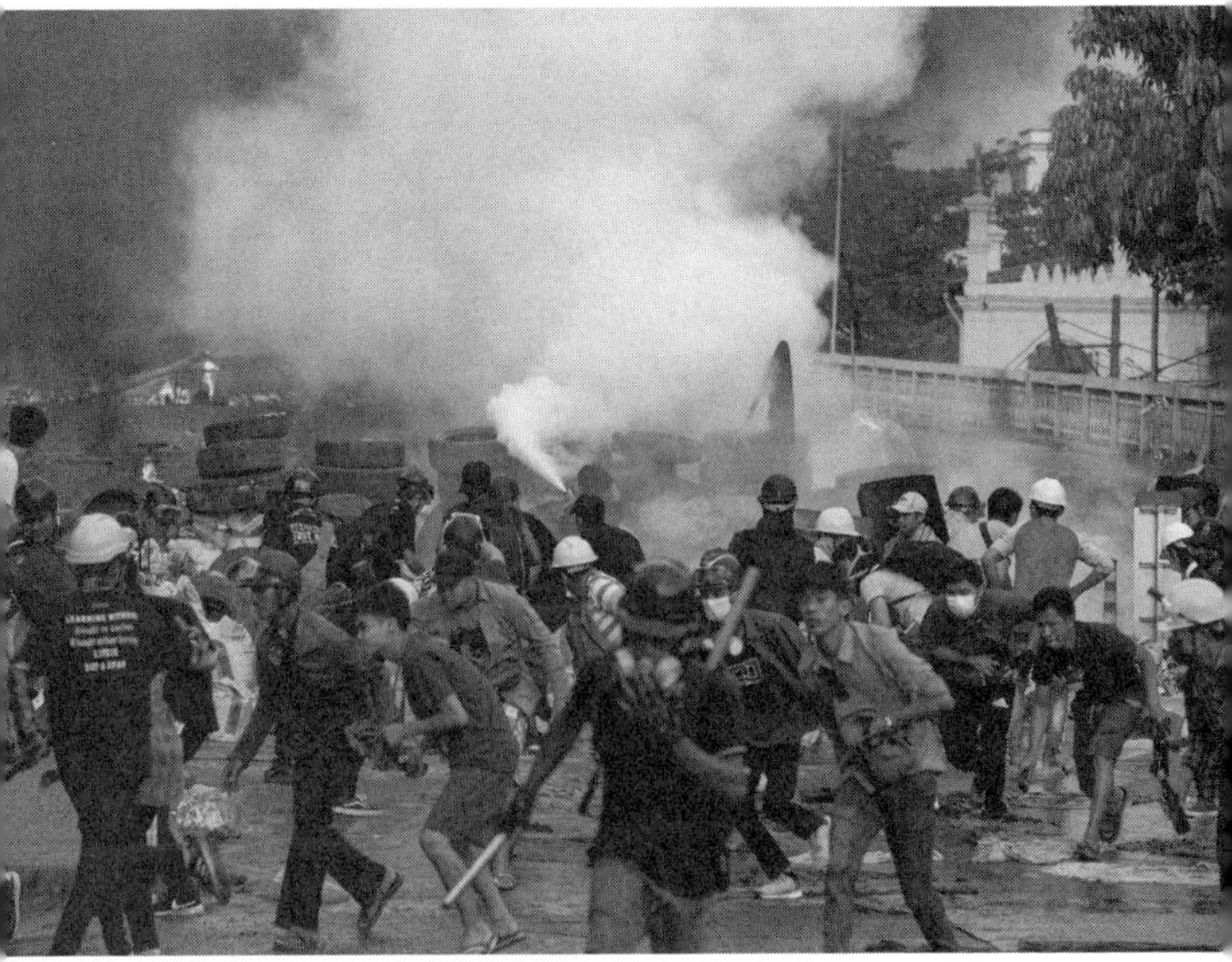

第一章
クーデターの衝撃

国軍によるクーデターへの抗議活動中、消火器で火を消す市民ら。警察はデモ鎮圧に実弾を使った（2021年3月16日、ミャンマーの最大都市ヤンゴンにて。Aung Kyaw Htet／SOPA Images via ZUMA Wire／共同通信イメージズ）

1 未明の急襲

†驚き

二〇二一年二月一日、ミャンマーの与党「国民民主連盟（NLD）」で働く男性は、東部カイン（カレン）州での仕事を終え、最大都市ヤンゴンの自宅に戻って休んでいた。ヤンゴンとカイン州の州都パアンは車で五時間以上。長旅の理由は、NLDが任命した州の女性首相ナンキントゥエミンらと今後の党運営を話し合う大事な会議があったからだった。

午前三時（日本時間同五時半）、電話が鳴った。党の同僚からだ。こんな夜明け前に？

「国軍が、私たちのリーダーを捕まえた！」

リーダーとは、事実上の国のトップで、NLD党首のアウンサンスーチー国家顧問兼外相。それだけではない。国家元首のウィンミン大統領、二人の副大統領のうち文民のヘンリーバンティオ、連邦政府の大臣たちもスーチーと同様に、首都ネピドーで拘束されたという。

二時間後、男性の身辺にも異変が起きた。自宅アパートの前に、白いバンが停まった。バンから兵士らが降りてきた。兵士らは男性宅の上の階に向かう。狙いはNLDの中核組織「中央執行委員会」のメンバーの自宅だった。部屋の中を動き回っているのか、頭上で物音が聞こえる。

徒歩で三分ほどの場所には、別の中央執行委員会メンバーも住んでいた。気になった男性は、自宅アパートから兵士たちが離れると、部屋を出て車を走らせ、周囲から様子をうかがった。案の定、そこにも兵士たちがいた。やがて、そのメンバーは兵士らにピックアップトラックに乗せられ、連れ去られた。

同僚から、また電話が来た。

「ヤンゴンの中央執行委員会のメンバーは全員捕まった」

午前五時から五時半まで、わずか三〇分の間の一斉急襲だった。

国軍兵士らの未明の行動は、広い地域に及んでいた。

大がかりな動きは、市民の間に急速に知れ渡っていった。

午前六時ごろ、ヤンゴンの自宅で寝ていた語学教師の女性チャン（三八）は、同居する従姉に起こされた。

「兄から電話があったの。クーデターみたいだって」

チャンは急いで、フェイスブック（FB）を開いた。FBは今や、多くのミャンマー人にとって最大の情報収集手段だ。

地元メディアのページには既に、スーチーらの拘束を伝えるニュースが投稿されていた。

車で一時間余り離れた場所に暮らす母に電話し、「私の家に来て」と避難を勧めた。三〇分ほどして再度電話すると、回線がつながらなくなっていた。

「先生、大丈夫ですか」

教え子だった女性から、SNS（会員制交流サイト）のメッセンジャーの通話機能で連絡があった。電話回線は遮断されたが、ネット接続は生きていた。

「どうして、私たちが選んだ人たちを勝手に捕まえるの」

二人は二〇年一一月の総選挙でNLDに投票。スーチー政権の継続に期待していた。

「ひどい。悔しい」

いつしか、二人とも涙声になっていた。

日が昇って町に出ると、路線バスやタクシーはいつものように動いていた。ただ、一部の銀行は閉まっていた。市場の食料品店や薬局の前には、買いだめの長い列ができている。路上に国軍や警察の部隊は見かけなかった。クーデターに抗議する人もいない。国軍がどう出るのか、人々は不安交じりに見定めているようだった。

この日、ヤンゴンに住む地元ジャーナリストの電話は未明から鳴り止まなかった。最初の電話は、午前四時過ぎにきた。

「何人かの地方政府の首相たちが自宅で拘束された」

南部モン州のエイザン首相周辺からの電話だった。

ミャンマーは少数民族が多い七つの「州」と多数派民族ビルマ人が多い七つの「管区(地域)」、首都ネピドーに設定された一つの「連邦直轄領」から構成される。地方政府のトップである州・管区の首相は、連邦政府の大統領が任命する。従って、大統領ポストを握るNLDの人材が選ばれている。その首相らを国軍は拘束した。カイン州のナンキンウエミン首相も含まれていた。

これだけにはとどまらない。

アウンサンスーチー（タイの首都バンコクで開かれた、ASEAN関連の首脳会議にて。2019年11月、北川成史撮影）

ネピドーではこの日、国会にあたる連邦議会の下院が開会予定だった。翌日には上院の開会も予定されていた。両院とも、一五年の前回に続いてＮＬＤが圧勝した二〇年一一月の総選挙後初の招集で、ＮＬＤの連邦議会議員四〇〇人近くが宿舎に集まっていた。国軍はＮＬＤ議員らに、宿舎から出ないように命じたという。

国家顧問、大統領、文民の副大統領、閣僚、州・管区首相、連邦議会議員、中央執行委員会メンバー……。国軍によって身動きがとれなくなったＮＬＤ関係者は、ざっと見積もって五〇〇人以上に及んだ。

国軍は連邦議会開会の日、閣僚や議員が一斉に集まる機に乗じて、政府を転覆させた。国軍がＮＬＤに不満を募らせているのは、ジャーナリストも感じていた。だが、荒業に打って出ようとは。驚きとともに、不吉な予感を抱かずにはいられなかった。

「国民の大半はスーチーとＮＬＤを支持している。もし、国軍が本気で自分たちの政府をつくろうとするなら、多くの人が反発し、血が流れる」

†東京

ＮＬＤの関係者らを発信元とするクーデター情報は、ＳＮＳなどを通じ、数時間のうちに世界に拡散した。

「おじが連れ去られたようだ。行方がわからない」

二月一日早朝、東京に住むミャンマー人女性プィン（三三）の携帯に、親類の男性から連絡が入った。ミャンマーはまだ夜明け前だ。

おじとは、一六年三月に発足したＮＬＤ政権で、運輸・通信相を務めていたタンズィンマウン。ミャンマーの国鉄出身で、ヤンゴンを約三時間かけてＪＲ山手線のように回る環状線の近代化や、ヤンゴンと同国第二の都市マンダレーの間に高速鉄道を整備する計画に取り組んできた。来日経験もあるが、スーチーのように国際的な知名度はない。

国軍はこうした実務的な人間を含め、ＮＬＤ政権を支える主要な顔ぶれを一斉に捕らえた。

「国の民主化や発展は失われるの？」

「私たちの将来は闇に消えるの？」

プィンの胸にさまざまな思いがわき上がり、二時間ほど泣き続けた。


「何だ、これは」

在日ミャンマー人社会のリーダーの一人で、「リトル・ヤンゴン」とも呼ばれる東京・高田馬場でミャンマー料理店を営むタンスウェ（五六）は一日午前六時（ミャンマー時間同三時半）ごろ、知り合いからメッセンジャーで送られてきた動画を見て、首をかしげた。暗闇のなか、NLDの女性議員が家の前で、「従わなければ、私たちは家の中まで追いかける」と国軍兵士に詰め寄られ、車で連行される映像だ。

タンスウェは意味がよく呑み込めないまま、ミャンマーにいる母親に連絡を取ると、言われた。

「クーデターが起きた」

耳を疑った。母国の友人ら何人かと話し、ようやく「間違いない」と悟った。

タンスウェは一九八八年、ミャンマーでスーチーらが率いた大規模な民主化運動に参加した。国軍は同年、運動を弾圧し、軍事政権を樹立した。

身の危険を感じたタンスウェは翌八九年に日本に亡命し、難民認定を受けた。二〇一一年の民政移管から一〇年。国は変わったと思っていた。

「なぜ、こんなことを繰り返すのか」


大学生のヘイン（二〇）は戸惑いを隠せない。通っていたミャンマーの工科大学が新型コロナウイルスの世界的大流行（パンデミック）で休校となり、父が住む東京を訪れていた。コロナ禍がひと段落したら、ミャンマーに戻る心づもりだった。

「大学がいつ正常に再開するのか、わからなくなってしまった。どうすればいいのか」

突然の事態への困惑と先行きへの不安が、在日ミャンマー人らを覆っていた。

†宣言

「国の司法・立法・行政の権限が国軍総司令官に移譲された」

国軍は二月一日午前八時半（日本時間同一一時）、保有するテレビ局「ミャワディ」を通じて伝えた。事実上のクーデター宣言だ。

軍事政権時代の〇八年に制定された同国憲法は、国の非常事態に国軍が一年間、権力を

ミンスエ副大統領（2021年当時、共同通信）

ミンアウンフライン国軍総司令官（2015年、共同通信）

掌握できると規定している。

国軍はこの規定に沿った措置だと説明。ＮＬＤ政権の二人の副大統領のうち、国軍出身のミンスエが暫定大統領に就任し、一年間の非常事態を宣言して、三権をミンアウンフライン総司令官に移譲するとした。

こうした対応の理由として挙げたのが、総選挙での不正だった。

「国軍は有権者名簿の誤りを指摘したのに、政府や連邦選挙管理委員会（ＵＥＣ）は見直さず、国会を開催しようとした。民主主義に対する重大な違反だ」

続いて、国軍は午前一一時一五分、ミャワディを通じて、「公正な総選挙をあらたに実施し、勝利した政党に権限を移譲する」と述べた。

まずはミンスエの内閣が始動することになり、国軍は一日夜、スーチーらＮＬＤ政権の閣僚ら二四人に代わって、外相や国防相ら閣僚一一人を新たに任命したと明らかにした。

翌二日、国営放送MRTVは、ミンアウンフラインが自らを議長とする「国家統治評議会」を設置したと報じた。評議会はミンスエ内閣よりも上位に位置する最高意志決定機関となる。クーデター後の国軍の支配体制が固まった。国家統治評議会の一六人のメンバーは、軍人と文民が半数ずつで構成された。文民八人のうち六人が少数民族出身者、二人がNLDの元メンバーだった。

ミンアウンフラインは同日夜、声明を発表。総選挙での不正に対応しないままの国会招集は「不法な手段で主権を乗っ取ろうとする試みだ」とクーデターを正当化してみせた。八日には軍服姿でテレビ演説し、クーデターは不正な選挙のためだとの主張を繰り返した。

国民の反発を意識してか、今回の権力奪取においては国家統治評議会のメンバーの半数に文民を任命するなど憲法を尊重しているとアピールし、一一年まで四九年間続いた軍事政権とは「性質が異なる」と強調。あらためて、非常事態の終了後、複数政党による総選挙を実施する方針を表した。

ただし、非常事態宣言は一年間延長でき、総選挙は解除後半年以内に実施するように定められているため、規定通りでも二年半は時間稼ぎが可能だ。

国民向けに民主主義への理解や少数民族への配慮の素振りを示す一方で、スーチーらNLDの指導者には厳しい対応を見せた。

スーチーは三日、無線機を違法に輸入したという輸出入法違反罪で起訴された。その後もしばらく、微罪での起訴が続き、「でっち上げ」との批判が渦巻いた。何らかの理由を付けて長期拘束し、スーチーら主要なNLD関係者を排除する狙いは明白だった。

2 暴挙の前兆

†決裂

世界を驚かせた二月一日のクーデターの数日前から、不穏な動きはちらついていた。

一月二六日、国軍のゾーミントゥン報道官は記者会見で、有権者名簿八六〇万人分に登録上の問題があり、重複投票などの不正があった可能性があると主張し、連邦選挙管理委員会（UEC）に調査を求めた。そして、今後「クーデターの可能性がないと言えるのか」と記者に問われるとこう答えた。「イエスともノーとも言えない」

記者からこのような質問が出たのは、国軍が前年来、選挙結果とNLDの対応にいら立ちを表に出していたことに加え、一九四八年の独立後、六二年と八八年にもクーデターを実行した前歴があることを背景にしていた。

報道官の言い回しはクーデターへの懸念を高めた。国際連合のグテーレス事務総長は一月二八日の声明で、「扇動や挑発を控え、民主主義の規範を遵守するように」と関係者に要請した。

UECは同日、選挙は公正で透明だったとの見解を示した。国軍は三〇日、「憲法を遵守する」と、沈静化を図るような声明を出していた。

水面下では、報道官の会見後連日、国軍とNLDの間で話し合いの場が持たれ、緊迫したやり取りが続いていた。

国軍に近い筋によると、クーデター前日の三一日、国軍の二人の中将とNLD政権のチョーティンスエ国家顧問府相ら大臣二人が協議した。

国軍側は選挙での不正実態の調査や翌日に予定された連邦議会の開会を延期するよう求

め、受け入れられないなら強い対応をとる可能性をにおわせた。だが、NLD政権側は要求を突っぱねた。双方の隔たりは大きく、交渉は決裂したという。

†圧勝

国軍が問題視する二〇二〇年総選挙はどのような結果だったのか。

ミャンマーの総選挙は憲法の規定で、五年に一度、二院制の連邦議会と一院制の州・管区議会の全議席のうち、国軍に割り当てられた二五％を除く七五％について争われる。

連邦議会の上院は民選の一六八議席と軍人枠の五六議席の計二二四議席、下院は民選の三三〇議席と軍人枠の一一〇議席の計四四〇議席で構成される。

今回の連邦議会選挙は、少数民族問題を抱える西部ラカイン（アラカン）州と東部シャン州の一部の選挙区で治安上の理由から実施されなかったため、上院で全一六八選挙区のうち一六一選挙区、下院で全三三〇選挙区のうち三一五選挙区が対象となった。

選挙は最多得票者が議席を得る単純小選挙区制。二〇年一一月八日に実施され、結果はNLDが上院一六一選挙区のうち八六％に当たる一三八選挙区、下院三一五議席のうち八二％に当たる二五八選挙区で勝利した。

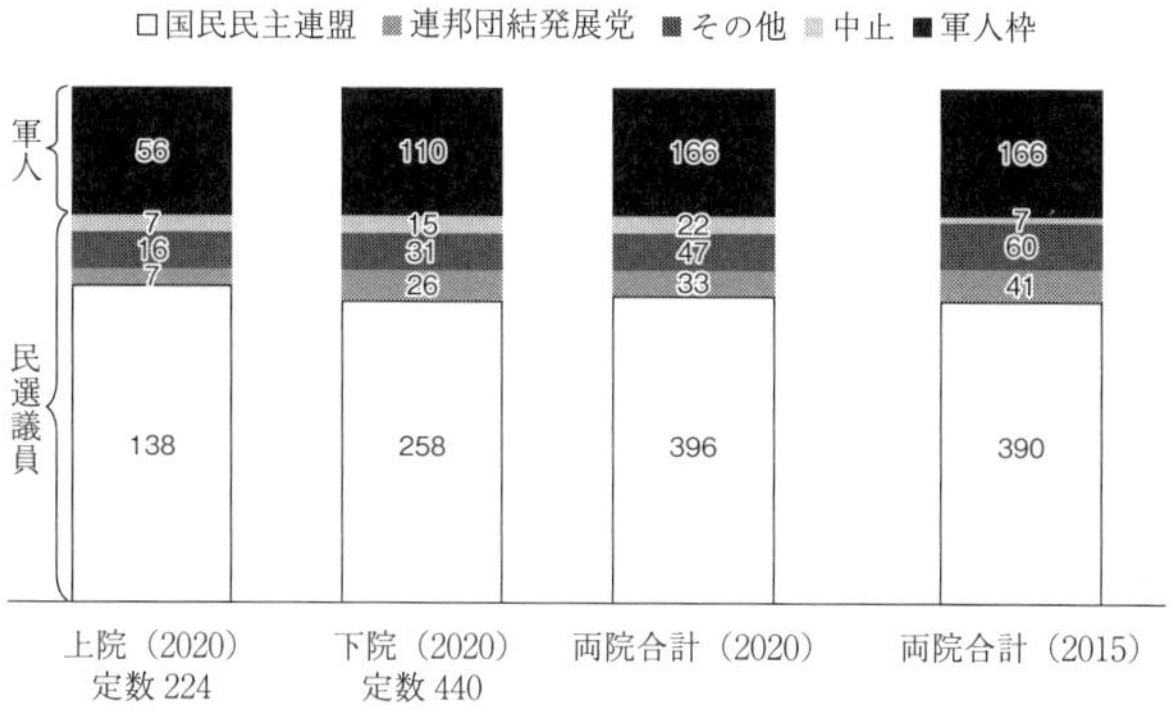

図1 連邦議会総選挙 獲得議席数（2015年、2020年）

NLDの獲得議席は上下院合わせて三九六。前回一五年の三九〇議席を超える圧勝となった。

一方、国軍系の政党「連邦団結発展党（USDP）」が勝ったのは上院で七選挙区、下院で二六選挙区にとどまった。争われた選挙区のうちそれぞれ四％と八％だった。第二党の座は維持したものの、上下院の議席は計三三で、前回の四一議席から八議席減らす惨敗だった。国軍は軍人枠を合わせても、上下院とも過半数からさらに遠ざかった。（図1）

†熱気

総選挙前、メディアの間では、「NLDは勝利するものの、前回一五年より議席を減らすかもしれない」との見方が主流を占めていた。

一五年の総選挙は、虐げられ続けたNLDが一九九〇年以来、二五年ぶりに参加したものだった。六二年の国軍のネウィン大将によるクーデター後、約半世紀ぶりの文民政権がいよいよ誕生する。そんな熱気を帯びた選挙ほど、二〇二〇年はNLDに風は吹かないとみられていた。

NLD政権下で、独立後から内戦が続く少数民族との和平に著しい進展はなく、少数民族の間で失望感が広がっているとの分析もされていた。

一九八八年の民主化運動でスーチーらと共闘した元学生リーダーのココジー（五八）は、新党「人民党」を結成した。筆者の取材に「NLDは国民の高い期待に応えていない」と改革の遅れに不満を持つ層の受け皿になる意欲を示した。

少数民族を基盤とする政党も意気込んでいた。

ジンポー、リスといった民族を包含する「カチン人」が多く住むカチン州。二〇二〇年八月、「カチン州人民党」のトゥジャ議長（七四）は取材に「NLDは少数民族のために何もしていない」と切り捨て、総選挙での躍進に自信を漂わせた。「リス民族発展党」のシュウェミン議長（五一）は「州内でNLDへの支持は半減している」とみていた。

一〇月中旬、日本に帰国していた筆者は、新型コロナ禍でミャンマー訪問が難しいなか、総選挙の在外期日前投票のため東京のミャンマー大使館に訪れる人々に話を聞いてみた。

大阪から早朝の新幹線で訪れたという貿易関係の会社員カインノェ（三四）ら三〇代の女性四人は「NLDに投票した。スーチーさんを支えたい」と口をそろえた。「一期目の五年だけでは結果が出せない。あと五年やれば国は変わる。スーチーさんしかいない」というのが理由だった。

話を聞いた相手は一〇人ほどだったが、民主化の進展を望み、NLD、特にスーチーを全面的に支持する声が相次いだ。もう少し冷めた意見があるのではと予想していた。もちろん、年代や男女の比率を考慮した世論調査とは違う。ただ、「本当にNLDは不利なのか」という肌感覚を抱いた。

ふたを開けてみれば、先述の連邦議会だけでなく地方議会の選挙でも、ビルマ人が多い管区域ではNLDのほぼ完勝。少数民族が多い州域でも、全体的に見ればNLDの圧勝だった。

カチン州議会では、全四〇議席中、NLDが七〇%の二八議席を取り、カチン州人民党は三議席、リス民族発展党は二議席にとどまった。

ミャンマーの総選挙で採用されている単純小選挙区制は、一選挙区から一人だけを選出する仕組みのため、大政党に有利とされる。NLDはミャンマーで全国的な組織基盤を持つ数少ない政党だ。一五年の前回総選挙でも、NLDは連邦議会の上院で五八％、下院で五七％の得票率に対し、それぞれで全議席の約八〇％を獲得した。今回の得票率は本書執筆時点で未発表だが、同様の傾向と考えられる。

こうした選挙制度の恩恵もあるとはいえ、総選挙での二回連続の圧勝は、スーチーが率いるNLDへの支持の根強さを浮き彫りにした。

†主張

二〇年一一月八日の投票日が近づくなか、国軍はUECが選挙を公正に準備していないと批判し、「すべての責任は政府が負う」とする声明を出した。

選挙で大敗した後、国軍は政府やUECへの批判のトーンをさらに強めた。UECに調査や有権者名簿の開示を求め、NLD政権には不正について議論する臨時議会の開催を要求した。政権に要求を拒まれても、連邦議会の招集を延期すべきだと訴えていた。

選挙が不公正だとする国軍は、有権者名簿の杜撰さを主張の軸に据えていた。ミンアウンフラインはクーデター後のテレビ演説で、有権者名簿に一〇〇〇万人分以上の重複があるほか、未成年者一万二〇〇〇人、国民登録証の非保有者四六五万人、百歳以上の者一万八〇〇〇人が登録されていたのに、UECは再三の不服申し立てに対応しなかったと非難した。

確かに、ミャンマーでは、住民の転出入情報などの有権者名簿への反映がずさんで、重複や故人の登録の問題は、選挙前から報じられていた。だが、ミンアウンフラインが指摘する規模の誤りが具体的な証拠に基づくのか、明確ではなかった。

加えて、登録の誤りがあったとしても、不正投票に直結するわけではない。選挙結果が歪められたように喧伝する国軍の主張には飛躍がある。

UECは日本政府の支援で、投票を終えた有権者の指先に、一週間程度消えない特殊インクを付ける措置を導入していた。複数選挙区で有権者登録されたとしても、期日前投票と本投票の間を空けるなどの隠蔽工作をしない限り、重ねて投票するのは難しい。投票所では国民登録証などによる身分確認もあるはずで、故人になりすましたり、未成年者が投票したりするのも至難の業だ。

新型コロナのパンデミックによる入国や国内移動の制限のため、前回一五年ほどの規模ではなかったものの、日本を含む国際的な選挙監視団が訪れ、選挙はおおむね公正に実施されたと評価している。

そもそも、国民の間で長年の軍政への嫌悪感は根深い。NLDと比較し、軍政時代の翼賛組織を母体としているUSDPに対する幅広い支持はない。

以上の点を総合すると、不正が横行したうえ、世論からかけ離れた選挙結果になったとは考えにくい。

†疑義

クーデター後、国軍は憲法を尊重していると強調する。だが、ウィンミン大統領に代わり、国軍出身のミンスエ副大統領が暫定的な大統領として非常事態を宣言した経緯は不透明で、正当とは言いがたい。

ウィンミンの親族と連絡を取ったというNLD関係者によると、二月一日未明、国軍兵士がウィンミンの居所を訪れ、「健康不良という理由で辞表を出すように」と求めたが、ウィンミンは「私は健康だ。捕まっても、辞表は書かない」と拒んだという。

ウィンミンは持病を抱えて大統領職を辞した前任のティンチョーとは違い、健康問題は取り沙汰されていなかった。ミンスエに職務を譲る理由は見当たらない。国軍がミンスエに非常事態宣言を発出させた手続き自体、憲法に照らして有効性に疑義が生じる。

国軍はUECの対応を問題視し、大統領がUECを組織する権限がある点を取り上げて、NLD政権の責任を追及した。だが、選挙を司る機関の業務に不服があったとしても、強硬手段で政府を覆すのは、度を超している。選挙の不正を憲法で定める「非常事態」に結び付ける論理自体、常識的感覚の外にある。

軍政時代の一九九〇年、国軍はスーチーを自宅軟禁に置いたまま総選挙を実施したが、NLDが大勝すると結果を無視し、支配を続けた。

今回のクーデター翌日の二月二日、国軍はUECの委員を入れ替えた。前年の総選挙結果を無効とし、選挙制度もNLDに有利にならないように、中小政党に有利な比例代表制の導入を模索している。新たなUECの委員長は五月二一日、NLDの解党処分まで示唆した。

対立する相手の恣意性を批判しながら、手前勝手もいいところである。不利な選挙結果を反故にするのは、国軍の常套手段と化している。

†準備不足

「今、危ない感じだ」

クーデター前日の一月三一日夜、ＮＬＤメンバーの男性は、旧知の政府中堅幹部から電話を受けた。クーデターを否定も肯定もしない国軍報道官の発言から五日後、中堅幹部は今後の展開を気にかけていた。

「クーデターまではやらないだろう」

男性は個人的な感触を伝えた。二人はやりとりの末、「連邦議会が開会する明日の様子を見るしかない」と話をまとめた。会話のなかで、中堅幹部の口からは「状況を注視している」との言葉は出たが、クーデターへの具体的な備えについて言及はなかった。

二月一日未明にスーチーが拘束された後、ＮＬＤは同日中にＦＢで、「独裁国家に逆戻りさせるクーデターに屈してはならない」と国民に抵抗を呼びかけるスーチーの書簡を公表した。書簡は拘束前に、スーチーが作成し、側近に託していたとされる。

書簡は「この声明を人々が読むころ、国民の圧倒的な支持を得て誕生した政権は、国軍に破壊されているだろう」とし、「国軍は自ら作り上げた憲法の存在を無視した」「国軍の行動は、国民が直面している新型コロナウイルスの状況を考慮していない」と非難。「法を順守して実施されたいかなる選挙でも、ＮＬＤは勝利を収めてきた」と正当性を訴えた。

スーチーは万一の事態を頭に浮かべていたのだろう。ただ、書簡の内容や分量は、国民向けという性質もあるせいかシンプルだった。書簡も含め、NLD政権がクーデターに関して回避策や対抗措置を綿密に練っていた様子はうかがえない。

スーチーやNLDにしてみれば、選挙結果についてUECが「正当だ」と認定した以上、国軍と交渉してどうこうすべき話ではない。国軍の求めに応じて連邦議会の招集を延期したら、国軍に屈したとして、国民の大きな非難を浴びるのは間違いない。

一月二五日、地元紙ミャンマー・タイムズは、USDPの広報担当者の話として、同党が二月一日からの連邦議会に出席するかどうか、まだ決めていないと伝えていた。

国軍側の現実味を帯びた行動として、クーデター以上に想像されていたのは、USDPや軍人議員による連邦議会のボイコットだった。

クーデターを成功させるためには、迅速さが必要だといわれる。その面では、国軍は要件を満たしていた。NLDには国軍と太いパイプがない。確度の高いクーデター情報を事前に得られなかったとしても、驚きはない。

二月五日、拘束されていないNLDの連邦議会議員らが、自分たちこそが正当な国民の代表だとして、独自組織「連邦議会代表委員会（CRPH）」を発足させた。国民の間に支持が広がっているが、四月段階で参加した議員らは二〇人。議会全体からみるとごく一部だ。拘束されたスーチーと自由に接触できないなか、どれだけ意向を汲み取って動けているのかは判然としない。

3 広がるデモ

†反発

二月一日午後、東京都渋谷区の国連大学前に、都内外から在日ビルマ人約一〇〇〇人が集まり、「国民が望んでいる民主主義を与えろ」と声を上げた。

ミャンマーの隣国タイの首都バンコクにあるミャンマー大使館前でも、在住のミャンマー人らがスーチーの肖像を掲げ、クーデターに抗議するデモを実施した。

一方、本国ミャンマーではクーデターから数日間、大きなデモはなかった。電話回線やテレビ、ラジオが一時遮断されるなど、通信環境が不安定になり、情報収集に支障が生じていたのだ。過去の民主化運動で、国軍は多数の人間を殺してきた。多くの国民が国軍の姿勢を探っていた。

小さな動きは、すでに翌二日からあった。まずは夜間、市民が自宅で鍋やフライパンを打ち鳴らす行動が始まる。悪霊退散を祈願する風習だが、この場合、悪霊は国軍を指し、クーデターへの抗議の意味が込められていた。

SNS上で、「#save_myanmar（ミャンマーを救え）」といったハッシュタグを付け、抗議のメッセージを拡散する動きも始まっていた。

一九八八年に起きた民主化運動の中心になったヤンゴン大学では五日、小規模なデモが実施された。デモの規模が大きくなり、全国に広がっていくのは六日ごろからだ。

このころまでに、クーデターを正当化するミンアウンフラインの声明が発表され、拘束されたスーチーが起訴されるなど、国軍の強硬な態度が鮮明になってきていた。

FBなどSNSを通じて、国民の憤怒が共有、増幅され、デモの呼びかけが拡散していく。スーチーやミンコーナイン、ココジーといった著名な活動家が現れた八八年の民主化運動と違って、特定のリーダーの統制はなく、分散的に活動する。二〇一九年以降の香港での民主化運動に似た形態だ。

町に繰り出した人々は、スーチーらの解放や軍政反対、民主主義尊重を訴えるシュプレヒコールを上げ、CRPHへの支持を示した。

国軍はFBへのアクセスの遮断や五人以上の集会の禁止といった措置を導入したが、市民はVPN（仮想私設網）や隣国タイのSIMカードを利用して、海外経由のネット接続で規制を回避するなどして対抗。抗議活動のうねりは大きくなっていった。

クーデターへの反発は学生や民間にとどまらなかった。職場放棄をして経済活動や行政機能を停止させ、クーデターに抗議する「市民不服従運動（CDM＝Civil Disobedience Movement）」に公務員も参加した。CDMで官庁などから給与を得られなくなる公務員らのため、市民の間で寄付集めが活発になった。

CDMは国際的な広がりを見せた。在外公館でも、職務から離れる外交官らが出てきた。日本にあるミャンマー大使館でも、外交官ら四人が三月上旬、CDMに加わった。国軍は対抗して、外交官らを解任した。本国に戻れば拘束される恐れがある外交官らは、在留を認めるように、日本政府に要請した。

ミャンマー大使館からCDMに参加した一人は、「国軍が国民を傷つけているのに耐えられなくなった。ミャンマーに残っている家族が心配だが、これ以上、国軍の下では働けない」と怒りを込めた。

東京都港区の米国大使館近くで、反クーデターへの支援を訴える在日ミャンマー人ら（2021年2月、北川成史撮影）

共闘

　二月二一日、東京都港区の米国大使館近くの路上は、主催者発表で約三五〇〇人の在日ミャンマー人で埋め尽くされた。二〇年六月時点で、日本全国に在留するミャンマー人は約三万三〇〇〇人。言わば人口の一割以上が、一つのデモ会場に集まった計算になる。

「フリー・フリー・ドー・アウンサンスーチー（スーチー氏を解放しろ。ドーはミャンマー語で女性への敬称）」

　シュプレヒコールが都心に響いた。参加者らはミンアウンフラインの写真を路上に置き、力を込めて何度も踏みつけた。

デモを主催したタンスウェは「予想以上に集まった」と驚きを交えた。

本国では二日前の一九日、デモ参加者に初めての死者が出た。米国大使館でのデモの翌日、二二日にはミャンマー全土で大規模なデモとゼネストを実施しようという呼びかけがなされていた。こうした情報が在日ミャンマー人の間でも共有され、デモの盛り上がりにつながった。

日本を含め、ミャンマー内外のデモ参加者の多くが、人差し指、中指、薬指の三本指を突き上げたポーズを取る。

世界的にヒットした米映画『ハンガー・ゲーム』に登場したポーズがモチーフになっている。映画のなかで、三本指は「愛する人への感謝、称賛、別れ」を意味し、独裁国家への抵抗を表すポーズとして扱われた。

このポーズは一四年、ミャンマーの隣国タイでクーデターが起きたときに、軍事政権への抗議を表すために使われ、その後、香港の民主化運動でも用いられた。ミャンマーのデモ参加者らは三本指に、タイや香港の人々と共通した民主化への思いを込めた。国境を超えた連帯感は、三本指のポーズ以外にもうかがわれた。

米国大使館前での抗議の翌週、東京都渋谷区の国連大学前でデモが実施された。主催者によると、約二五〇〇人が参加。クーデターから一カ月になるのを前に、香港や台湾、タイなどに住むミャンマー人と連携したデモだという。

参加者が掲げたプラカードのいくつかに「Milk Tea Alliance（ミルクティー同盟）」と記されていた。香港や台湾、タイで民主主義を求める人たちが、SNS上で同名のハッシュタグを使ってつながった緩い連合体だ。

この名称は、各国に共通したミルクティーを飲む習慣にちなんだとされる。ミャンマーでも「ラペイエ」と呼ばれるミルクティーが愛飲されており、今回、同盟の一員に名を連ねた。

†新世代

抗議活動で目立つのが二〇代前後の若者たちだ。一九九〇年代以降に生まれ、ITに精通した「Z世代」を中心に、活動の大きな原動力になっている。

SNSを駆使して仲間の輪を広げ、他国の民主化運動の手法を情報共有する。国軍の非道な振る舞いについて、映像付きで世界に発信。国軍系の複合企業「MEHL」や「MEC」とつながりのある各国企業の製品の不買運動を呼びかけるアプリも開発した。

そうしたネットの活用の一方で、路上でも精力的に動き回っている。

二月下旬の国連大学前デモに参加した都内のIT系専門学校に通うミティンギトゥン（二五）は切実な心中をにじませた。

「私は日本で学んだことを母国に還元したい。危険な軍政では帰れない」

都内の看護師レー（三〇）は「国軍は私たちの夢を壊す悪魔だ」と涙交じりに訴える。レーはミャンマー北部カチン州の出身。軍政下で経済が停滞するなか、弟を病気で亡くした。貧弱な道路環境と医療施設の不足のため、病院への搬送に時間が掛かり、途中で死亡したという。

「数十年間の軍政で何も変わらなかったが、スーチーさんのNLD政権の五年間でミャンマーは発展した」。人命を救う道に進んだレーは、民主化の針が巻き戻されないように切望し、デモの企画に積極的に関わっている。

都内の会社に勤める三〇代の女性エイ（仮名）は、父親が国軍の元中佐だ。だが、国軍側には付かず、SNSでミャンマー国内での弾圧に関する情報を発信する。CDMに参加する公務員らへの支援を呼びかけ、自身も給料の一部を寄付すると決めた。

エイの活動を知り、ミャンマーにいる父親から電話がかかってきた。「抗議活動の前面に出るのはやめてくれ。私たちのことも考えてくれ」

「国軍は邪魔者を排除する。国軍にいたからこそ、恐れる父の気持ちもよくわかる」。エイは気を遣いつつ、きっぱりと言う。「白は白、黒は黒と言えないのなんて嫌。私は正しいと思うことを主張していきたい」

米国はクーデター後、国軍関連の制裁対象に、ミンアウンフラインの家族も加えた。エイは力を込める。「『軍人の家族だから』と先入観を持つのではなく、一人一人がどんな主張をしているかに目を向けてほしい」

†圧力

国軍は、二月一四から一五日にかけて、ヤンゴンの計六地区に戒厳令を発令した。

緊張感が次第に増すなか、二二日にミャンマー全土で行われたデモとゼネストは、それまでで最大の規模に発展した。

SNSで「22222」運動と称して、参加が呼びかけられた。「2021年2月22日」には「2」が五つ含まれる。「8888」と呼ばれる一九八八年の民主化運動にならっていた。

八八年の民主化運動は、二六年間独裁を続けたネウィン政権を崩壊させた。運動が最高潮に達したのが八月八日、ミャンマー全土に広がったデモとゼネストだった。国民の希望の星となるスーチーも運動に加わり、活動家らによってNLDが形成されていく。八八年八月八日を指し示す「8888」という数字は、現在につながる民主化闘争の象徴として、国民の間で特別な意味を持っている。

地元メディアによると、「22222」には全土で数百万人が参加した。多くの工場や商店、銀行が休業し、経済活動は停止した。国民の怒りの大きさを証明するかのようだった。

「22222」は抗議活動の盛り上がりの面でも、国軍との関係の面でも、一つの転機となった。

八八年の民主化運動では、国軍は「8888」の翌月、国内の混乱を抑えるためにクーデターを宣言。抵抗する市民に銃口を向けた。数千人の命が奪われたといわれる。

「22222」が民主化運動の新たな象徴になるのを恐れたのか、今回も国軍は力任せで抑えつけを図っていく。

「国連の事務所や日本大使館の前で支援を訴えるデモに参加してきたけれど、「2222

2」の後、治安部隊に道を封鎖されて行けなくなった」。ヤンゴンに住むチャンは、重苦しさが増すのを感じていた。

二月二八日、治安部隊が各地でデモに発砲し、それまでで一日あたり最悪の一八人が死亡した。

国軍側は翌三月一日、スーチーに対し、「NLDのメンバーらで組織するCRPHの声明を通じ、社会不安をあおる情報を流布した」などとして、新たな二つの罪で起訴。スーチーが起訴された罪は四件になった。

†記念日

市民は以前より短時間で小規模な形態にデモを変化させながら、三月二七日に迫った「国軍記念日」に神経をとがらせていた。

国軍記念日は一九四五年三月二七日、アウンサンスーチーの父で、国軍の礎を築いたアウンサン将軍が、当時ミャンマーを支配していた日本軍に対し蜂起したことにちなむ。例年、この日には約三〇カ国を招待した軍事パレードが披露される。国軍にとっては最重要行事であり、自分たちの威信を傷つけるような動きを力ずくで排除する恐れがあった。

懸念は的中した。

現地メディアによると、国軍記念日の二七日、デモなどに絡み、一〇〇人以上が命を奪われた。屋内にいて治安部隊の発砲を受けた一三歳の少女や、治安部隊が放火したタイヤを消火しようとして、火の中に放り込まれた四〇歳の男性も犠牲者に含まれている。

市民は怒りの声を上げ、国際社会も日米など一二カ国の軍や自衛隊の制服組トップが共同で非難声明を出したが、国軍は退く気配を見せなかった。

現地の人権監視団体「政治囚支援協会（AAPP）」によると、二九日に市民の犠牲者が計五〇〇人を突破した。

四月一日には国軍はスーチーを五件目の罪となる国家機密法違反罪で起訴。それまでの比較的軽い罪と異なり、最長で禁錮一四年の重い刑罰がある罪だった。スーチーは四月中旬には新型コロナ対策を怠ったとする自然災害管理法違反罪でも起訴された。その後、汚職にも問われ、六月上旬までに起訴された罪は七件となった。

犠牲者は増加の一途をたどり、五月中旬の時点で八〇〇人を超えた。逮捕された人は累計で五〇〇〇人を上回っている。

強まる一方の圧力に、CRPHは抵抗姿勢を露わにし、少数民族との連携を模索した。

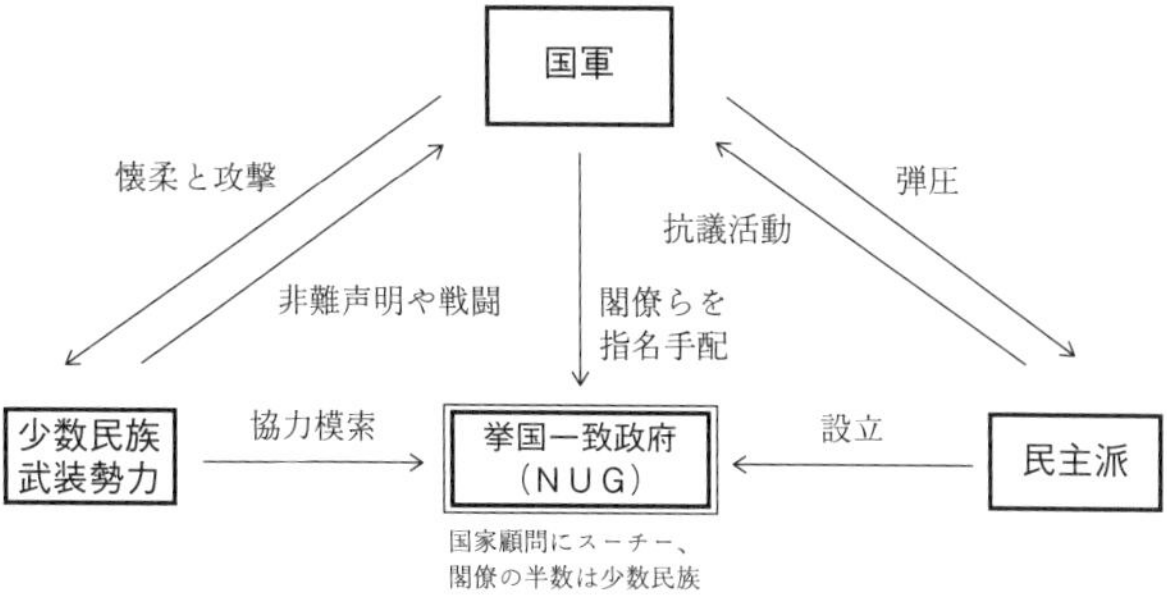

図２ 国軍、民主派、少数民族の構図

多民族国家のミャンマーで、自治拡大を求めてきた少数民族の武装勢力のうち、カレン人の「カレン民族同盟（KNU）」やカチン人の「カチン独立軍（KIA）」はクーデター後、デモの参加者を警護するなど、反国軍の態度を鮮明にした。これに対し、国軍はKNUやKIAの支配域を空爆。露骨な報復を加えていた。

CRPHは三月三一日、国軍を優遇する現行憲法の廃止を宣言し、暫定憲法にあたる「連邦民主憲章」を発表。憲章は少数民族の自治権を広げる連邦制の実現を掲げた。四月一六日には新政府として「挙国一致政府（NUG）」の発足を宣言している（図2）。

NUGは国家顧問をスーチー、大統領をウィンミンとしたほか、副大統領にカチン人、首相にカレン人を据えた。閣僚ら二六人のうち半数に少数民族を起用している。約二〇ある主要な少数民族武装勢力のうち、KNUなど

2019	12		ロヒンギャ問題をめぐりスーチーが国際司法裁判所（ICJ）に出廷
2020	1	27	NLDが軍の権限を弱める憲法改正案を連邦議会に提出
	11	8	第3回総選挙を実施
2021	1	26	国軍のゾーミントゥン報道官が不正選挙の疑いを主張 同時にクーデターの可能性を示唆
	2	1	国軍によるクーデターが発生。スーチーらNLD幹部が拘束される
		5	拘束されていないNLD議員らが連邦議会代表委員会を発足
			クーデターへの抗議デモが始まる
		11	米大統領がミャンマーへの制裁に関する大統領令に署名
		19	反クーデターデモで初の死者
		22	「22222」運動がミャンマー全土で展開
	3	27	国軍記念日。各地でデモが行われ、100人以上が死亡
	4	24	ジャカルタでASEAN臨時首脳会議を開催

2021年クーデターの経緯

半数ほどがＮＵＧへの支持を表明した。

国軍はＮＵＧを非合法組織と認定し、閣僚らを反逆罪で指名手配した。

民主派と一部の少数民族武装勢力が協調しながら、国軍と対立する構図が深まっていった。

†警鐘

泥沼化する情勢は、ミャンマー人たちに複雑な心情を呼び起こしている。

東京都内の飲食店で働くチョウチョウリン（五九）は、一歩身を退いて情勢に目を向ける。

一九八八年、ヤンゴン大学三年のとき、民主化運動に参加した。治安機関に追われているのを感じ、九六年、観光客を装って日本に逃れた。

クーデター後、都内でもデモが相次ぐなか、積極的には参加してこなかった。

「抗議活動は成功してほしいよ。だけど……」。チョウチョウリンは言う。「みんな声を上げているだけ。どうやって成功させるのか。成功した後はどうするのか。それが見えない」

SNSで見知らぬ者同士がつながり、短期間で勢いを得る現代的な手法の強みの反面、リーダー不在で長期的な戦略が練られていない弱みに、懸念を拭えずにいる。

都内でミャンマー料理店を営むチョウチョウソー（五七）は、八八年の民主化運動に身を投じ、九一年に日本に亡命した後、難民認定を受けた。現在、タンスウェと並び、在日ミャンマー人社会のリーダーの一人になっている。

クーデター後、日本政府に支援を求める申し入れをしたり、CRPHを支えるための活動をしたり、精力的に動いた。

「彼らは平気で国民に銃を向ける」。クーデター発生直後から、国軍に気を許してはならないと、警鐘を鳴らしていた。

「今回の抗議活動は国軍に潰されるかもしれない」。チョウチョウソーは厳しい見方を交えつつ、こう断言する。

「二〇一一年に民政移管してから一〇年、国民は自由のありがたさを知った。国が閉ざされていた一九八八年とは違い、国民はスマホやネットを使い、世界の情報も手に入れている。たとえ一時的に失敗しても、終わりはしない。必ず実を結ぶ」

†内戦

四月二四日、挙国一致政府（ＮＵＧ）を支持する在日ミャンマー人らの集会が、東京都心の日比谷公園内にあるコンベンションホールで開かれた。約二〇〇席の半分以上が埋まり、「ミャンマーの民主化を支援する議員連盟」に属する日本の国会議員も招かれていた。「ミャンマーは七〇年以上内戦が続いてきた。国軍が権力を握り、国民が一つにならないように、民族や宗教間の争いを起こしてきたからだ」。壇上でカチン州出身のレーが訴えた。

カチン人にはキリスト教徒が多い。国軍とＫＩＡの長年の戦闘は、多くの死者や国内避難民を生んでいる。

「クーデター後、国軍の実態がわかり、これまでの少数民族への残虐行為にも気付かされた」。レーは願いを込めた。「ＮＵＧには少数民族も含まれている。国民が一つになった民主主義の連邦共和国になると信じている」

集会の最後、参加者らが大きな旗を広げた。赤を基調に、左上が紺色で長方形に彩られている。長方形の上には、大きな星とそれを囲む五つの小さな星が白く描かれている。一九四八年にイギリスから独立した後、ネウィンによる軍事政権が成立する前に使われていた国旗だ。現在の上から黄、緑、赤の三色に塗られ、中央に大きな白星が置かれたデザインは、軍政期の二〇一〇年、突然導入された。民主主義と多民族共生への決意を表すため、参加者らは古い国旗を掲げた。

その後、参加者らは霞が関の官庁街を行進した。古い国旗のほか、シャン州やラカイン州など少数民族が住む州の旗を手にする姿が見られた。

犠牲者が増え続けるなか、ミャンマー市民の間には、国軍に対抗するため、少数民族武装勢力を結集した「連邦軍」の創設を望む声が上がり始めていた。KNUやKIAといった少数民族武装勢力の支配地域に赴き、軍事訓練を受ける若者も現れていた。

在日ビルマ連邦少数民族協議会の議長マイチョーウー（五二）は、ミャンマー東部シャン州の少数民族パラウン人だ。九〇年代に日本に逃れる前は、パラウン人武装勢力の闘争に関わってきた。連邦軍の創設を支持している。

連邦軍ができたら、内戦になる心配はないかと尋ねると、こう思いをぶつけた。「クーデター後、国軍は少数民族地域を空爆し、多くの市民を殺している。すでに内戦だ。デモをやっているだけでは勝ちがない」

NUGは五月五日、独自の部隊「国民防衛隊」を設立したと明らかにした。連邦軍創設の前段階だという。

ただ、少数民族の間でもクーデター後の態度に温度差がある。一部の武装勢力はNUGに協力するか態度を示していない。

国軍は五月八日、NUGやCRPH、国民防衛隊を「テロ組織」に指定した。指定された組織に接触すると、処罰の対象になる。

先行きは不透明ながらも、市民は少数民族を含めた統一戦線の実現を目指す。そこには国軍に対する強い憤りが表れていた。

†本書の視点

民主化に舵を切ったとみられていたミャンマーでのクーデターは、世界に衝撃を与えた。鉱物、天然ガスなど豊富な資源を有し、発展が期待された同国の未来に、打撃となるのは間違いない。国軍は将来を担う若者を含め、国民の命を奪い続けている。

民政移管後も力を維持していた国軍がなぜ今、クーデターを起こしたのか。現地での取材を踏まえ、紐解きたい。

次の第二章では、植民地支配の時代から独立、軍政、今回のクーデターに至る歴史のなかで、スーチーと国軍の間にある愛憎をはらんだつながりに目を向ける。スーチーは国の民主化に人生を捧げた人物として国民の尊敬を集めるが、表舞台に出た背景には、国軍の基礎を作った国家独立の英雄・アウンサン将軍の娘という生い立ちがある。スーチー率いるNLD政権のいくつかの取り組みは、憲法で定めた特権に固執する国軍と相容れず、両者の関係は悪化していた。

第三章では、ミャンマーの複雑な民族構成について取り上げる。同国は独立後七〇年以上にわたって少数民族との内戦が続くという、世界でも類がない国だ。内戦は国軍の存在感を増し、自分たちが国内の分裂を防いでいるという尊大さを生み、政治に関わる動機付けにもなった。だが、軍政下で取り入れられた制度には、多数派民族ビルマ人を中心とする考え方が反映され、少数民族の扱いにも差があった。矛盾をはらんだ統治は、根深い問題として残っている。

第四章では、ミャンマーでの報道の自由について触れたい。長い軍政下では、政府のプロパガンダ的な報道以外は許されてこなかった。民政移管後、事前検閲の廃止や民間日刊紙の発行容認など、規制は緩和されたが、NLD政権下でも国営メディア優遇は続き、報道関係者の逮捕が相次いだ。民間の報道機関の基盤が弱いなかで、クーデターが起き、民主主義を支える報道の自由は危機的状況に直面している。

第五章では、クーデターへの国際社会の対応について考える。クーデター後、米国はいちはやく、国軍幹部などへの制裁を発動し、厳しい姿勢を見せた。欧州も追随している。一方、中国やロシアは国軍とのかねての関係や欧米への対抗心から、強い非難は避けている。事態が混迷するなか、内政不干渉が原則のASEANも問題解決に向けた仲介に動き始めた。ミャンマーを「アジア最後のフロンティア」ととらえ、政府開発援助（ODA）をつぎ込んできた日本は、どう動くのか。国軍との向き合い方が問われている。

第 二 章

スーチーと国軍

アウンサンスーチーが2歳の時の写真(手前中央)。右端が父のアウンサン将軍
(1947年、共同通信)

1　創設の父、対立の娘

†第一友好橋

タイ西部ターク県とミャンマー東部カイン州を分かつモエイ川。流れの上に「第一友好橋」が架かる。

両国の国境貿易の要衝であるとともに、アジア各国を高速道路などで結ぶプロジェクト「アジアハイウエイ」の一角を担う。

新型コロナのパンデミック前は、タイ側の町メソトからミャンマーに工業製品を運ぶため、出国の手続きを待つ大型トラックが朝から数キロの列を作っていた。ミャンマーからタイへは、雇用の機会とより高い賃金を求め、日中働きに行く人の姿があふれていた。

橋の真ん中には車両用の信号があった。タイ側から青信号に従って車で進むと、信号を越えたところで、車線が左から右へと交差して入れ替わる。ミャンマー側からだと逆に右から左になる。タイは左側通行、ミャンマーは右側通行のためだ。

島国・日本の出身者としてはもの珍しく、車の列が信号に従い、斜めに車線を変えていく様子をしばらく見入っていた。

実は、ミャンマーもかつては左側通行を採用していた。左側通行の英国の植民地だったためだ。独立後、国軍のネウィン大将がクーデターで築いた独裁政権時代の一九七〇年代に、突然、右側通行に変更になったという。

ただ、ミャンマーでは日本の中古車が人気で、右側通行にもかかわらず、右ハンドルの日本車が幅をきかせている。ミャンマー政府は二〇一八年以降、自動車メーカーの進出と国内生産を促すため、重機を除く右ハンドル車の輸入を全面禁止したが、その後もタイからミャンマーへ、モエイ川をのんびりと船で渡る日本の乗用車が見られた。密輸のはずなのに堂々としている。

国境の日常風景のなかに浮かんだ「植民地支配」と「独立後の軍事政権」の影。二つのキーワードは、ミャンマーの現在に大きな影響を与えている。

†ビルマ人王朝の繁栄と衰退

アウンサンスーチーと国軍のつながりについて述べる前に、ミャンマーの基本情報に触れておきたい。

ミャンマーはインドシナ半島西部に位置し、面積は約六八万キロ。西からバングラデシュ、インド、中国、ラオス、タイの五カ国と国境を接し、南はインド洋に面する。人口は国連の推計によると、二〇二〇年時点で約五四〇〇万人。日本と比べると、広さは一・八倍だが、人口は半分に満たない。

南北に長く、中・南部は熱帯、北部は温帯に属する。北部カチン州にある最高峰カカボラジは、五八八一メートルの高さを誇る。国を代表する大河「イラワジ川」が、国土の中心からやや西側を北から南に流れている。〇六年にヤンゴンから遷都された首都ネピドーは、国土中央に位置する。

世界銀行によると、一九年、一人当たりの名目GDPは一四〇八ドル。日本の四〇二四七ドルと比べると一割に満たないが、〇一年の一三七ドルから十倍以上に増えている。

中国の雲南から移動したとされるビルマ人は一一世紀、中部バガン（パガン）に王朝を開いた。これがビルマ人最初の統一王朝で、パガン朝と呼ばれる。

二五〇年ほど続いたパガン朝では上座部仏教が栄えた。今も広大な平原に、約三〇〇〇基の仏塔（パゴダ）や寺院が林立する風景は壮観だ。バガンの遺跡群は、カンボジアのアンコールワット、インドネシアのボロブドゥールと並んで世界三大仏教遺跡に数えられ、世界遺産に登録されている。

一八世紀、ビルマ人最後の王朝となるコンバウン朝が開かれ、ヤンゴンが新たに都となる。タイのアユタヤ朝を滅ぼすなど、一時は興隆した。

地域の強国だったコンバウン朝も一八二四年以降、英国との三度にわたる「英緬戦争」を経て、八五年に滅びた。翌八六年、ミャンマーは英領インドのビルマ州として組み入れられ、植民地となる。一九三七年に英領ビルマとなるまで、インドの一部のような扱いを受けた。

†独立の英雄アウンサン将軍

ミャンマーで最も有名で、観光の目玉になっている市場といえば「ボージョー・アウンサン・マーケット」だ。このヤンゴン最大級の市場には、巻きスカート型の「ロンジー」

など伝統的な衣装や雑貨を売る店が、ところ狭しと並ぶ。中央付近の通路では、同国の特産品であるルビーなどの宝石の原石を取引する男たちの姿が見られる。

ボージョーはミャンマー語で「将軍」。市場には、植民地支配からの独立において中心的な役割を果たした、スーチーの父アウンサン将軍の名が冠されている。アウンサンへの国民的な敬意と愛着がうかがわれる。

アウンサンをはじめとするミャンマーの独立運動の中心となった三〇人の活動家は「三十人志士」と呼ばれる。彼らは英国に対抗するため、一九四一年、

宝石の取引をする人々で賑わうボージョー・アウンサン・マーケット（2018年3月、北川成史撮影）

日本占領下だった中国の海南島で、日本軍の工作機関から軍事訓練を受けた。

中国を侵略した日本に対し、中国国民政府（蔣介石政権）は四川の重慶を首都として抗戦を続けた。英米は陸続きの英領ビルマ（現ミャンマー）から中国へ物資を運び、蔣介石

政権を支援した。日本によるアウンサンらへの手助けは、英国からの独立運動を焚き付け、「援蔣ルート」を断ち切る狙いがあった。

短期間の軍事訓練を受けたアウンサンらは、タイで「ビルマ独立義勇軍（BIA）」を発足させ、翌四二年、日本軍と歩調を合わせて英領ビルマに侵攻し、ヤンゴンに入った。英国を追い出した日本は四三年、ビルマを独立させ、アウンサンは国防相となる。BIAはアウンサンをトップとするビルマ国軍に再編された。だが、同国内に日本軍はとどまり、自由に行動する権利を得るなど、実際には、日本はビルマを占領下に置いた。

日本軍がインドにある英軍基地の攻略を図った「インパール作戦」に失敗し、弱体化した後、アウンサンの指導でビルマ国軍は四五年三月二七日、日本に対して武装蜂起した。

この日が、今回のクーデターで多数の死者を出した「国軍記念日」の源流となる。国の独立のきっかけを築いた日として、国軍は自らの正統性を誇示するために、特別な価値を置いている。

†父の姿を追う娘

スーチーは抗日闘争下の一九四五年六月一九日、ヤンゴンで、アウンサンと元看護師の母キンチーの間に、三人きょうだいの末っ子として生まれた。アウンサンは父、スーは祖母、チーは母の名を受け継いでいる。

日本ではスーチーと略するのが一般化しており、本書でも字数の事情もあってそのように表すが、本来は好ましい略称ではない。

一部の少数民族を除き、ミャンマー人は姓を持たないからだ。仏教の輪廻転生の概念が影響しているという説がある。スーチーの「アウンサン」も父の名にちなんでいるが、姓ではない。

四五年に日本軍がミャンマーから撤退し、支配権を取り戻した英国との独立交渉の先頭に立っていたアウンサンは四七年七月、政敵に暗殺され、三二歳で世を去った。スーチーが二歳のときだった。

六〇年、スーチーがヤンゴンでミッションスクール（高校）に通っていたころ、母キンチーがインド大使に任じられ、一緒にインドに移住する。スーチーの思想の特徴である「非暴力」はインドの独立の父ガンジーの影響を受けている。

スーチーは六四年、英国のオックスフォード大学に留学し、哲学や政治学を学ぶ。六九年には米国に渡り、国連本部職員になった。七二年、留学時代に知り合い、後に著名なチベット研究家となる英国人のマイケル・アリス（故人）と結婚。英国に戻り、二人の息子を育てる主婦として過ごした。

スーチーの知的好奇心は結婚後も衰えず、子育てが一段落すると英国の大学での勉強を再開する。関心を寄せていた大きなテーマの一つが、父アウンサンの生涯だった。

スーチーは著書で「私は父のことをよく覚えていない」と記している。ただ、母や周囲から「独立の英雄」としての姿を聞かされていたようだ。

八五〜八六年にかけて、日本とゆかりのある父の足跡をたどるため、京都大学に客員研究員として留学している。資料の収集や聞き取りを通じて、アウンサンや独立運動について研究し、知識を深めた。日本滞在後は、家族のいる英国に戻っていた。

スーチーを「ファザコン」という人もいるが、父親の生き様に強く感化されたのは確かである。スーチーの文章や演説をまとめた書籍『自由』（九一年、集英社。のちに角川文庫）に、「わたしの父、アウンサン」と称した章がある。アウンサンの生涯について、事実関係を丹念に集めて記している。平凡な家庭に生まれた筆者からすると「よくこんなに自分の親を調べる気になれるな」という思いも抱いてしまうが、文章自体はスーチーの顕著な探究心や論理的に話を構成する能力が表れていて、一読して頭の良い人物だとわかる。

本のなかで、スーチーはアウンサンに「ひたむきな目的意識を持って祖国を独立に導いた、非常に高潔で強い人格を備えた若者」と最高級の賛辞を送っている。

また、夫マイケルによると、結婚に当たって、スーチーは「もし国民が私を必要としたときには、私が彼らのために本分を尽くすのを手助けしてほしいのです」という手紙を送っていたという。

後に民主化運動のリーダーとなるのを予言していたかのような、印象的なエピソードである。

†ネウィンによる軍政

アウンサン暗殺翌年の一九四八年、ミャンマーは英国から独立する。ただ、最初から波乱に見舞われていた。

一つの要因は、少数民族の自治権の位置付けがあいまいなまま、独立したことにある。

アウンサンは四七年、東部シャン州のパンロンで少数民族の代表者らと会談し、国防と外交を除く行政・司法・立法の各方面で少数民族の自治権を認め、連邦国家として独立するという合意をして、協定に調印した。これは「パンロン協定」と呼ばれている。

ただ、パンロン協定に調印したのはシャン、カチン、チンの三民族の代表だけだった。そして調印から五カ月でアウンサンは暗殺され、その後、独立に向けた憲法が制定されることになる。

この憲法では、協定に則り国名に「連邦」とは付いたが、少数民族が望む広範な自治権は盛り込まれなかった。また、カイン州やラカイン州が当初設置されなかった一方で、シャン州とカヤ（カレンニー）州には独立後一〇年目以降に連邦からの分離権を認めるなど、民族間で扱いに格差があった。

この不平等性のある状況のなかで、カレン民族同盟（KNU）などの少数民族武装勢力が、独立直後から反政府闘争を始める。さらにビルマ共産党（CPB）が闘争を展開したほか、国共内戦で追い詰められた中国国民党軍が、国境を越えてシャン州に侵入する事態も起きた。

独立後、首相にはアウンサンの盟友だったウー・ヌ（ウーは敬称だが、一般的な表記に従う）が就任したが、不安定な治安に加え、与党内でも内部対立が止まなかった。

五一、五六年と二回の総選挙を経た後、ウー・ヌは治安や内紛の問題を解決できず、五八年、「三十人志士」の一人だった国軍のネウィン大将に、選挙管理内閣として政権を任せてしまう。

六〇年、三回目の総選挙でウー・ヌは勝利を収めたものの、国内の混乱は続いた。独立から一〇年が過ぎ、憲法で定めたシャン州とカヤ州の分離権の行使の可能性もあった。

ついにネウィンは六二年、クーデターを決行する。憲法と議会は停止され、ウー・ヌは首相の座を追われた。国軍による統治が、決定的な形となって現れた。

ミャンマーの近現代史に詳しい根本敬・上智大教授によると、ウー・ヌ政権があまりに不安定だったため、国民には当初、国軍の政治介入を歓迎する雰囲気があった。例外的に反発した学生運動家たちに対して、ネウィンは武力を使って黙らせたという。

独立から一〇年ほどでの議会制民主主義のつまずきは、国家の安定には自分たちのコントロールが必要だというメンタリティを国軍に与え、現在まで残る傷となっている。

†表舞台へ

ネウィンはクーデター後、ビルマ社会主義計画党（ＢＳＰＰ）を結成して議長に就任した。他党を解散させ、国軍による中央集権体制の強化に走った。少数民族は自治を認められず、武装勢力の闘争は激化。国軍との溝が深まった。

七四年には社会主義の方向性を盛り込んだ新憲法を制定。アウンサンも経済面での社会主義志向を持っていたが、ネウィンは極端だった。工業、商業、流通など主要な産業をすべて国有化し、外資を排斥した。農業も国家統制下に置かれ、農民はコメなどの農作物を安い価格で政府に供出しなくてはならなくなった。「社会主義へのビルマの道」と称し、ソ連（現ロシア）や中国とは違う独自路線を目指すとして、どの陣営にも属さない意志を表した。

国民をまとめあげる面で、ネウィンは先住民族を意味する「タインインダー」という理念にこだわった。国民を構成するのは、英国による植民地化で元来の土地を奪われる前から、ミャンマーに住んでいた民族であるという考え方だ。この理念に沿って、八二年に国籍法が改正された。

先住民族かどうかの区切り目に設定されたのは、第一次英緬戦争が始まる一八二四年。ミャンマーには過去、モン人やラカイン人の王朝もあったのだが、ビルマ人のコンバウン朝と英国との戦争を節目に位置付けている時点で、ビルマ人中心の排外的な思想の色合いが濃かった。ラカイン州に住むイスラム教徒であるロヒンギャらは、植民地化後に来た人たちだとして、タインインダーから排除され、国籍取得の道は狭まった。

来日し、佐藤栄作首相と会談するネウィン（1970年、共同通信）

二六年間の独裁下で、自由は制約され、外交的には孤立した。経済は効率性を失い、輸出が低迷。外貨やモノの不足は物価の急騰を招いた。

ネウィン政権は一九八七年、インフレ抑止策で高額紙幣を突然廃止し、国民生活に打撃を与えた。国民の鬱積した怒りは八八年、火が付く。

最初は三月、ヤンゴンの喫茶店で起きた大学生とBSPP幹部の息子とのけんかが発端だった。騒ぎで出動した警察に学生一人が射殺された。ここから反ネウィン感情が広がり、民主化要求へとつながっていく。冷戦末期、翌八九年には中国で天安門事件が起こり、東欧の共産主義独裁国家やソ連が崩壊していく時期でもあった。

ネウィンは抗議を抑えきれなくなり、七月、BSPP議長を辞任。ただ、後任も国軍で強硬派のセインルインだったため、国民の怒りは収まらず、八月八日、その年月日から「8888」と称される大規模なゼネストとデモに発展した。

スーチーは母キンチーの看病のため、この年の三月からミャンマーにいた。アウンサンの娘という強い意識を持つスーチーにとって、国家の危機に立ち上がるのは必然の流れだった。

八月二六日、スーチーは表舞台に立つ。最初はミャンマーの象徴であるシュエダゴン・パゴダの西側広場で開かれた大規模集会での演説だった。

「あのような父を持った者として、目をつぶったままでいるわけにはいかない。この運動は第二の独立運動ということができる」

演説には国軍への思いも表れていて興味深い。

「私は軍隊に特別の愛着を持っている。父が創設したからというだけでなく、幼い頃、兵隊さんによく可愛がってもらったから」

そして、民主化運動と衝突する国軍にこう呼びかけた。

「人々が信頼し、頼ることのできる軍隊になっていただきたい。わが国の名誉と尊厳を守ってくれる軍隊になっていただきたい」

セインルインも辞任し、後を文民のマウンマウンが継いだが、混乱を収拾できなかった。再び出てきたのは国軍だった。九月一八日、治安維持などを理由に、独立後二度目となるクーデターで全権を掌握した。軍事政権「国家法秩序回復評議会（SLORC）」を発足させ、ソウマウン大将が議長に就任。スーチーの願いに反し、抵抗する学生らを攻撃し、多数の死傷者を生んだ。

このときにネウィン時代の憲法は停止され、以後約二〇年間、ミャンマーには憲法がない状態となる。

SLORCは総選挙までの暫定政府という位置付けだったため、政党の活動は認めた。スーチーらは同月、国民民主連盟（NLD）を結成。ミャンマー各地を活発に遊説したが、国軍はアウンサンの娘であるスーチーへの人気と反軍政の姿勢を警戒し、八九年七月、国家防御法違反罪で、スーチーを自宅軟禁とした。

このほかココジーやミンコーナインといった民主化運動指導者も、軍政下で長年の獄中生活を強いられる。

また、国軍は八九年六月、国名の英語表記を「Burma（バーマ、現地語ではバマー、日本語ではビルマ）」からミャンマーに変えた。ミャンマーでバマーは口語、ミャンマーは文語という違いだが、一方的な変更が批判を呼んだ。

†民主化への戦い

スーチーの最初の軟禁は九五年七月まで続いた。

この間の九〇年五月、軍政は総選挙を実施するが、NLD圧勝の結果を無視する。九一年、スーチーはノーベル平和賞を受賞。九二年にはソウマウンに代わり、タンシュエ大将がSLORCの議長に就任した。

スーチーは解放後、軍政に対話を求めるが、実現しなかった。九〇年総選挙の結果を尊重しない軍政に対し、NLDは独自の国会開催や憲法草案づくりを進め、両者の関係は冷え込んだ。

九九年、夫のマイケルが、がんのため英国で死去したが、スーチーは、ミャンマーへの帰国を拒まれる恐れから渡英せず、最期を看取れなかった。

二〇〇〇年九月、スーチーは地方訪問を阻まれ、再び自宅軟禁となった。〇二年五月に解放されるが、各地で演説をし、多数の聴衆を集めるようになると、国軍の警戒が高まる。〇三年五月、ミャンマー中部ディペイン地区で、スーチーの車列が襲撃される事件が起きる。スーチーは当局に拘束され、三度目の自宅軟禁となった。

スーチーと対話するタンシュエ議長、キンニュン首相（1994年、ロイター＝共同）

この軟禁期間は、タンシュエによる独裁化と国軍支配を永らえさせる仕組みづくりの時期だった。

タンシュエは同年八月、国軍ナンバー3のキンニュンを首相に就け、民主化に向けた「七段階のロードマップ」を発表させるが、翌〇四年に更迭する。キンニュンの力の拡大を恐れたとみられる。〇五年には突然、ヤンゴンからネピドーへの首都移転を開始した。

一九八八年のクーデター後に欧米などが発動した制裁は、二〇〇三年のディペイン事件後に強化されていた。経済が低迷するなかで、軍政は〇七年、ガソリンなど燃料の公定価格を突然引き上げた。耐えかねた市民と僧侶による大規模なデモが発生。僧衣の色のイメージから「サフラン革命」と呼ばれた。タンシュエ率いる国軍はこれを武力で封じ込め、日本人ジャーナリスト長井健司も犠牲になっている。

そして〇八年、新憲法を制定する。新憲法の制定は民主化へのロードマップ上に位置付けられていたが、中身は国軍のさまざまな特権を規定していた。制定にあたって実施された国民投票については、投票率が九八％で、賛成が九二％という尋常ではない数字が発表されている。今回のクーデターで国軍は自分たちが大敗した総選挙に難癖をつけているが、この国民投票の数字のほうが、客観的に見て異常である。

†解放

一〇年一一月、軍政はロードマップと〇八年憲法に基づき、総選挙を実施した。スーチーが自宅軟禁されたままのＮＬＤは参加せず、元軍人などでつくる国軍系の政党「連邦団結発展党（ＵＳＤＰ）」が圧勝した。スーチーの解放は、総選挙の六日後だった。

一一年三月、国軍の序列ナンバー４で、軍政下で首相を務めたテインセインを大統領とする政権が誕生する。ミャンマーは形のうえでは民政移管した。

テインセインは外部の予想以上に、改革開放路線を推進した。スーチーと直接会談して和解を図った。一九八八年以降の軍政の弾圧で、多くの民主活動家が逮捕されたり、亡命したりしていたが、政治囚を釈放し、海外に逃れた活動家らに帰国を呼びかけた。外資導入のための法律整備や少数民族武装勢力との和平も進めた。

テインセイン大統領（2015年、共同通信）

これらの改革の背景として、閉鎖的な体制を続ける限りミャンマーの発展はないと、国軍もようやく気づいたのだという指摘がなされる。二〇〇〇年代初頭にミャンマーの一人当たり名目GDPは二〇〇ドルを切り、東南アジア諸国連合（ASEAN）で最も貧しい国となっていた。積極的に外資を誘致し、国際的なサプライチェーンの一角を担う隣国タイに引き離されていた。

そして、〇八年憲法で、議会に軍人枠を設けるなど国軍の国家統治への関与が担保された点も大きいだろう。

スーチーは一二年、連邦議会の補欠選挙で当選し、下院議員になる。一五年の総選挙でNLDを大勝に導き、翌一六年、約半世紀ぶりの文民政権を誕生させた。三回で計約一五年にわたる自宅軟禁を受けながら、民主化への信念を貫いた。

スーチーの人間性が垣間見られる点で、印象的な言葉がある。

「人を堕落させるのは権力ではなく、恐怖だ。権力を失う恐怖が、権力を行使する者を堕落させ、権力の鞭の恐怖が、権力に支配される者を堕落させる」

スーチーが自宅軟禁に置かれていた一九九〇年、欧州議会から優れた人権活動をたたえる「サハロフ賞」を贈られた後、夫マイケルによって公表された文章に書かれている。

このような強固な意志がなければ、長い自宅軟禁には耐えられなかっただろう。

欧州議会は二〇二〇年、スーチーがロヒンギャ問題で対応を怠ったとして、サハロフ賞の受賞者として活動する資格を停止したが、名言には違いない。

二一年二月、国軍による三度目のクーデターで、スーチーは拘束され、四度目の自宅軟禁となった。

「権力を失う恐怖が堕落させる」

クーデターを主導して、国軍自らが一旦示した改革の路線を放棄し、罪なき市民の命を奪う国軍のミンアウンフライン総司令官は、この言葉をどう噛みしめるだろうか。

2 特権の侵食

†国軍の特権

「全く寝耳に水だった」

ミャンマーの専門家である根本敬・上智大教授は、クーデター直後、率直な感想を述べた。

総選挙を巡ってきな臭さはあったとはいえ、研究者たちにとっても、クーデターは実際に起きると予想していない出来事だった。

何よりの根拠は、軍政下の二〇〇八年に制定された現行憲法が、国軍にさまざまな特権的な地位を与えている点だった（図3）。

憲法の規定で、国軍総司令官は、連邦議会と州・管区議会について議員の二五％を指名できるほか、閣僚のうち内務、国防、国境担当の三大臣も任命できる。内務省は警察も管

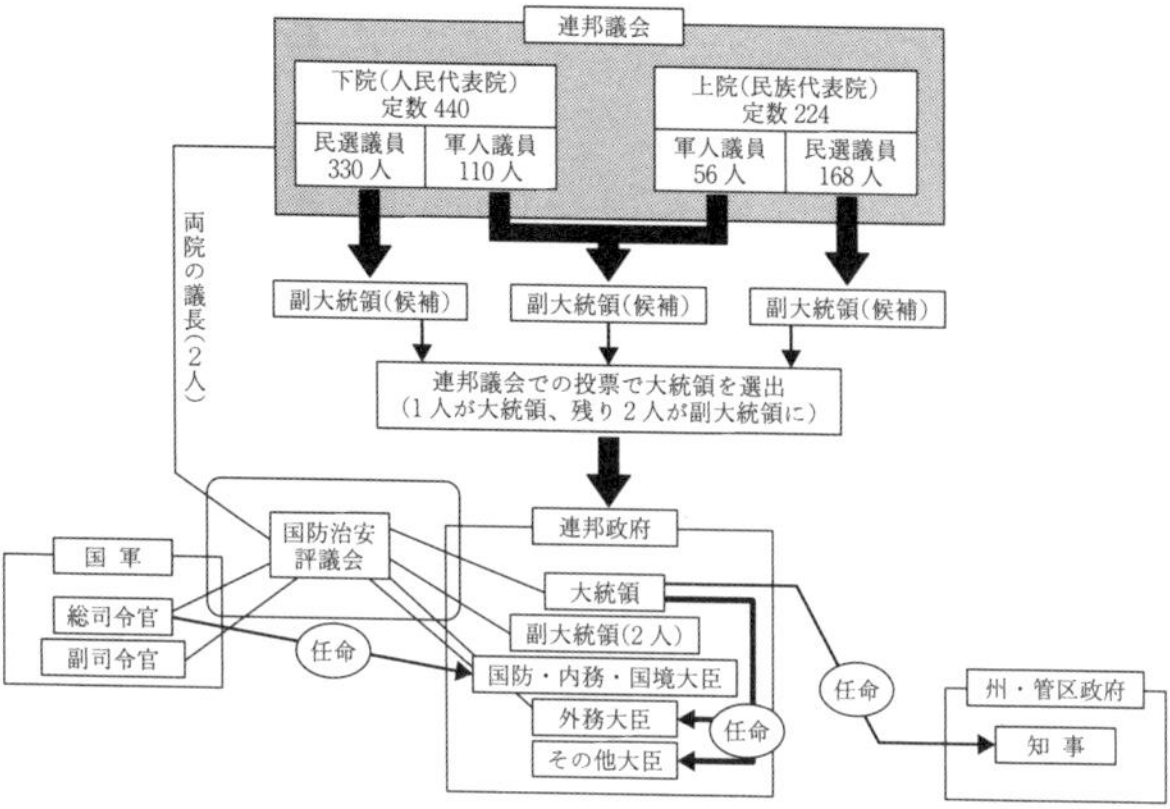

図３ ミャンマーの国家機構
(工藤年博『ミャンマー政治の実像』図１を参考に作成)

轄する。つまり、国家の暴力装置はすべて国軍が掌握し、シビリアンコントロール（文民統制）は利かない。

また、外国籍を持った家族がいる場合、国家元首である大統領や副大統領になれない。スーチーの大統領就任を阻む狙いが、ありありと透ける。

国家の非常事態の際、大統領が全権を国軍総司令官に委譲できる規定もある。この規定は今回のクーデターで、軍人出身のミンスエ副大統領を暫定大統領に就任させる形で、恣意的に使われた。

この憲法の改正を発議するには、連邦議会の上下院で七五％を超える賛成が求められる。つまり、二五％を占める軍人議員の協力がなければ、発議できない。発議後は、国民投票で有権者の過半数の賛成が必要になる。
これだけ憲法で国軍の権利が擁護されているのに、国際的批判を浴びるクーデターを選択するのは割に合わないとみられていた。

†NLD政権のウルトラC

前節で述べた通り、一一年に成立したテインセイン政権は予想以上の自由化を進めた。国際社会はこれを好意的に受け止め、軍政時代に諸外国が科した制裁は次々と解除された。海外からの投資が集まり、好景気が訪れた。一〇年の総選挙にNLDが参加せず、憲法も民主的とはいえないといった問題はあったものの、無血で実行された一応の民政移管とその後の政権運営に、国際社会の評価は高かった。

一五年一一月の総選挙にはNLDが参加し、連邦議会の上下院で軍人枠を除いた計四九八議席のうち、三九〇議席を得る大勝を果たした。対するUSDPは四一議席しか得られず、テインセイン政権に続く、国軍系の政権とはならなかった。

だが、一四〜一八年まで駐ミャンマー大使だった樋口建史によると、選挙直後に当時のテインセイン大統領とすでに国軍総司令官だったミンアウンフラインに会った際、二人とも結果を穏やかに受け止めていたという。

では、なぜその後、国軍が態度を硬化させていったのか。

端的には、国軍が国家の統治において力を維持するため、憲法にも仕掛けを施したのに、NLD政権がその穴を突いたり、憲法自体の改正を図ったりして、権力基盤を削ごうとしているとの印象を国軍に与えた、ということが言えるだろう。

まず、NLD政権発足直後の一六年四月、国家顧問職が新設され、スーチーが就任した。憲法は大統領を国家元首と定める。規定上、英国人と結婚し、英国籍の二人の子どもを持つスーチーは大統領になれない。

ところが、大勝した一五年の総選挙前後、スーチーは「自らは大統領より上の存在になる」「新大統領には権限はなく、自らが政権運営を行う」と発言。その宣言通り、連邦議会でNLDが過半数を占める状況を生かし、国家顧問法を成立させ、「憲法の規定に違反せず、国家と国民のために助言を与える」という国家顧問のポストに就いた。大統領には高校時代の同級生で側近のティンチョーを据えた。国軍がスーチーを大統領職から排除するために弄した規定を骨抜きにするウルトラCだった。

一六年五月、ミンアウンフラインはネピドーで開いた記者会見で、国家顧問職の設置は違法だと言及している。

なお、この裏技を発案したとされるＮＬＤの法律顧問で弁護士のコーニーは、一七年一月に暗殺されている。

国軍の統治の武器を奪うような政策は他にもあった。

一八年一二月、ＮＬＤ政権は、国軍の支配下にある内務省の「総務局」を文民がトップを務める連邦政府省に移管すると発表した。

総務局は、州・管区だけでなく、その下の県や郡、村、区といった行政区分の末端にまで地方事務所を持つ。地方事務所は出生や死亡の登録、人口動態の調査、税金の徴収、境界争いの処理など、住民の個人情報に関する業務を司り、治安を乱すような動きについて中央に連絡する。つまり、国軍が隅々まで情報網を張り巡らせ、統治する背骨となる組織で、人権団体からは政治活動の抑圧につながっていると批判されていた。

この中央集権支配の象徴のような隠然とした組織を、ＮＬＤ政権は国軍の手から引きはがした。

クーデター後の二一年五月、国軍は総務局を内務省の管轄に戻した。国民を監視する体制を築き直そうとしている。

†国際司法裁判所への出廷

総選挙まで一年を切った一九年末以降、国軍を刺激する出来事が相次ぐ。

一九年一二月一〇日、ヤンゴンの市庁舎前に数千人の市民が押し寄せた。手にしたプラカードには「スーチーを支持する」と書かれている。同じようなスーチー応援の集会は、ミャンマーの主要都市に広がっていた。

このとき、スーチーはヤンゴンから八〇〇〇キロほど離れたオランダ・ハーグにいた。ハーグには国家間の紛争を取り扱う国際司法裁判所（ICJ）がある。ロヒンギャ迫害はジェノサイドに当たるとして、ミャンマー政府はICJに訴えられていた。この日は審理の初日。スーチーは訴えに反論するため、ハーグに乗り込んでいた。国家の指導者が自らICJに出廷するのは、極めて異例だ。

翌一一日、スーチーがICJで、「過剰な武力行使があったことは排除できない」としながらも、ジェノサイドの訴えについて「不完全で誤解を招く」と否定すると、支持者たちは喝采を送った。

現地からの報道によると、スーチーが一四日、首都ネピドーに戻ると、空港からの沿道に市民が並んで出迎えたという。

ミャンマーでロヒンギャは、法制度面で不法移民の扱いを受けているが、大半の国民は、その政策に異論を挟んでこなかった。

スーチーのＩＣＪ出廷後、ヤンゴンに住む元エンジニアのウィンアウン（六九）は「我々はみんな、ロヒンギャはミャンマー内の民族ではないと知っている。スーチー氏の行動は国軍ではなく、国民を守るための行動だ。応援したい」と称えた。

当時、国際的な報道機関は、スーチーによるジェノサイドの否定に焦点を当て、問題を矮小化していると批判的に報じた。

だが、国軍にとっては、過剰な武力行使の可能性を認めるだけでも看過できない発言だった。国軍はごく一部の例外を除き、ロヒンギャへの不法行為を認めていないからだ。一八年九月、国連人権理事会が設置した国際調査団（ＩＩＦＦＭ）がジェノサイドの疑いを指摘する報告書を発表した後、ミンアウンフラインは「いかなる国、組織も、国家の主権に干渉する権利はない」と真っ向から反発していた。

スーチーのＩＣＪでの発言で、ロヒンギャへの不法行為を否定してきた国軍は顔に泥を塗られた。

スーチーのICJ出廷は、ビルマ人を中心に国民のナショナリスティックな感情をくすぐり、人気を高めた。

†国軍との対立構図

国軍を悪者にする形で支持を得たという点では、憲法改正案の提出も共通性がある。

軍政期に定めた現行憲法の主要部分は、国軍にとって譲れない一線だ。国軍出身ながら改革派に位置付けられるテインセイン元大統領も一一年、就任後の演説で、「非合法な手段で」と前提を置きつつ、「憲法改正を試みる勢力には、必要な手段を講じる」と牽制していた。

だが、NLDは二〇年一月、軍の権限を弱める憲法改正案を連邦議会に提出した。議会に設けられた二五％の国軍枠の削減、非常事態に大統領が国軍総司令官に全権委譲できるとする条項の撤廃、外国籍の家族を持つ人物の大統領就任を阻む規定の廃止などが含まれていた。

憲法改正の発議は、全議席の二五％を占める軍人議員から協力がなければ実現できない。予想通り、国軍に不都合なNLDの提案はことごとく否決された。憲法改正案はこの発議の要件の緩和も求めていた。

改憲はＮＬＤの公約だった。勝ち目の薄い提案が、一一月の総選挙を見越したパフォーマンスなのは明らかだった。

とはいえ、ＮＬＤ政権が二期目に向けて、国軍の権力基盤を崩す意図があるとはっきり示すメッセージとして、改憲の取り組みはインパクトを持っていた。改憲自体には失敗したものの、改革に抵抗する国軍という構図を国民に印象付けた。

スーチーのＩＣＪ出廷と改憲への取り組み姿勢は、ベースにあった同氏とＮＬＤへの信頼感を上積みするはたらきがあった。

台湾を拠点とする研究者らの団体「アジアン・バロメーター・サーベイ」が、スーチーがＩＣＪに出廷する前の一九年九〜一〇月に実施した調査によると、「政府が信頼できる」と回答したミャンマー市民の割合は四七％で、テインセイン政権時代の一五年の三四％から大きく上昇していた。

ＮＬＤに投票するとの回答は三一％で、ＵＳＤＰの八％と比べ四倍だった。無回答が五九％あったものの、両党への支持の差は歴然としていた。

ミャンマーの政治アナリストのモンモンミャットは「国民の大部分がＩＣＪでのスーチ

ーの意見を支持している。国軍に有利な憲法を改正する取り組みは、国民の望みを反映している。間違いなく、総選挙ではNLDに良い方向に影響する」と分析していた。

経済は減速していたが、大きなマイナス材料になるほどではなかった。

世界銀行によると、ミャンマーのGDP成長率は、テインセイン政権時代の一一～一五年に、年五～八％台で推移した。NLD政権下の一六～一八年はやや下がったものの、年五～六％台を維持し、新型コロナ禍までは顕著な落ち込みはなかった。「NLD政権下で道路や病院の整備が進んだ」と恩恵を感じている市民の声も筆者は耳にしている。

二〇年の総選挙は、こういったNLDへの支持が表れた結果だといえる。

国軍は総選挙前、選挙の公正さに口を挟んだが、効果的な戦術とはならなかった。逆に、国軍に対する警戒感を高め、NLDへの投票行動を促したという見方すらある。

NLDは国軍との対決姿勢を明確にすることで支持を広げていた。さらに、憲法改正をはじめとする権力基盤への切り込みは、国軍の利権構造を脅かす恐れもあった。

†巨大な経済利権

新型コロナのパンデミックまで、ヤンゴンのダウンタウン（中心部）に、深夜まで人通りの絶えない通りがあった。「19th street（19番通り）」。「串焼き通り」とも呼ばれる。南北五〇〇メートルあまりにわたる通りの両側に、串焼き屋が軒を連ねる。客は店先に並んだ豚の肉や内臓、魚介類、野菜などから好みの串を選ぶ。炭火で焼いてもらい、スパイスのきいたソースを付けて味わう。

通りを散策していると、複数の店で、同じデザインのワンピースを着た女性たちを見かけた。地元ビール会社の販売促進員たちだった。お国柄か、裾は膝丈ほどで、体のラインはあまり強調されていない。米バドワイザー社の「バドガール」と比べて控えめだ。

何種類かのワンピースのうち、よく目にしたのが、緑地に赤い線の入ったデザインだった。胸に入っているロゴは「ミャンマービール」。ミャンマーのビール市場で、クーデター前まで人気ナンバー1のブランドだった。

ミャンマービールは同国のビール市場で八割ものシェアを持つ会社「ミャンマー・ブルワリー（MBL）」の看板銘柄として輝いていた。MBLは国軍系の複合企業「ミャンマー・エコノミック・ホールディングス（MEHL）」と日本のキリンホールディングスの合弁会社だ。

同国には、軍政下の一九九〇年代に設立されたMEHLと「ミャンマー・エコノミッ

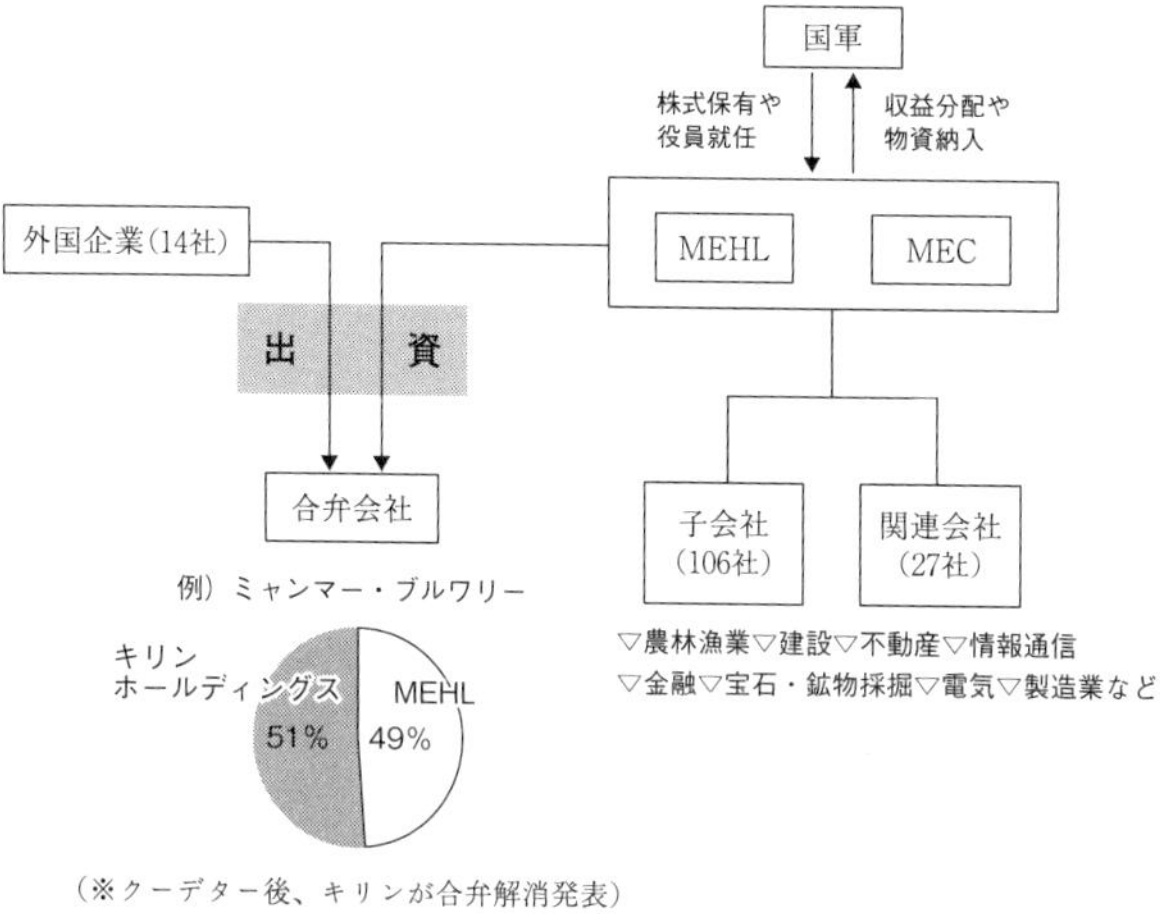

図4 ミャンマー国軍の利権
IIFFMの報告書などから作成

ク・コーポレーション（MEC）」という二つの国軍系複合企業がある（図4）。

国連人権理事会が設置した国際調査団（IIFFM）の二〇一九年八月公表の報告書によると、MEHLとMECは少なくとも、合わせて一〇六の子会社と二七の関連会社を傘下に抱えている。業種は農林漁業、建設、不動産、電気、ガス、金融、保険、宝石・鉱物採掘、情報通信、製造、旅行、サッカークラブ、ホテル、貿易、輸送など、極めて多岐にわたる。

MEHLは会長に国軍中将が就き、取締役を将校七人と退役者四人が務める。経営はIIFFMが「パトロン・グループ」と呼ぶ組織によって支配・監督される。グループには国軍最高幹部七人が入り、クーデターを主導したミンアウンフライン総司令官が会長、ソーウィン副司令官が副会長として影響力を及ぼす。

MECは大臣が総司令官によって任命される国防省が運営し、利益は直接、国軍のために使われる。MECはグループを束ねる会社「MECリミテッド」を置き、補給部門の将校以下、現役の国軍幹部ら一六人が同社の取締役に名を連ねている。

キリンを含む一四の外国企業がMEHLやMECと合弁を組んでいた。その他、少なくとも四四の外国企業がMEHLやMECと取引関係にあったという。

また、国際人権団体アムネスティ・インターナショナルは二〇年九月の報告書で、MEHLの株式をミンアウンフラインら軍人に加え、国軍の地方司令部や部隊が保有し、軍の直接的な資金源になっていると指摘した。

報告書によると、MEHLは一九九〇〜二〇一一年に総額一〇八〇億チャット（当時の公定レートで約一八〇億ドル＝約一兆九八〇〇億円）の配当をした。アムネスティが個別の株主の記録を入手した一〇〜一一年において、ミンアウンフラインはMEHLの株を五〇〇〇口持ち、一五〇万チャット（約二五万ドル＝約二八〇〇万円）の配当を受けている。株式保有者には、ロヒンギャに対する掃討作戦を指揮した地方司令部も含まれる。両社の財務内容は公表されていないが、MEHLは一九年、一四〇〇万ドル（約一五億円）を上回る税金を納めた。ミャンマー国内の会社のなかで、二番目に多い納税額だという。

こうした国防予算の枠外で国軍に金が入る利権構造に影響を与えかねない動きが、NLD政権下でちらついていた。ウィンミン大統領は二一年一月から、石油、ガス、木材、鉱物、宝石といった採掘産業に、すべての契約を開示するように求めていた。

ミャンマーは天然ガスや鉱物といった資源に恵まれ、輸出総額の三分の一を採掘産業が占めるとされる。ヒスイやルビーについては世界で群を抜く産地だ。IIFMの報告書によると、MEHLとMECの子会社・関連会社一三三社のうち、鉱物や宝石関連が二八社を占めており、採掘産業は国軍の重要な収益分野になっている。

カチン州やシャン州での鉱石や宝石の採掘は少数民族武装勢力の資金源で、それを奪おうとする国軍との紛争要因でもある。大半の宝石や鉱物は、無申告で取引されていると指摘されている。安全管理もずさんで、カチン州のヒスイ鉱山ではたびたび、崩落事故で多数の死者が出ている。

こうした問題の多い産業分野に、NLD政権は透明性を持ち込もうとしたが、国軍側にとってみれば財布の中身をまさぐられるような行為だった。

また、NLD政権下で、軍人の天下り先として中央省庁の幹部ポストが与えられるケースは減っていたという。二回連続でNLDが総選挙に圧勝し、USDP議員として軍人にあてがわれる枠も激減していた。

ミャンマーの国防費は一九年度（一九年一〇月〜二〇年九月）の当初予算で、GDPの二%を超える三兆三八五〇億チャット（約二三七〇億円）に上る。二〇年五月、国軍は補正予算で一九七七億チャットの追加要求をしたが、NLDが与党の連邦議会は移動のための燃料費が新型コロナで減少したことなどを理由に、要求額から一〇六億チャット減額した。NLDが政権を握ってから、国軍の予算が要求通り通らなかったのは初めてだった。

国軍側は、NLD政権の継続で、利権を失っていく懸念を抱えていた。

3 冷めた関係

†国軍総司令官の野心

こうした特権を削ろうとするＮＬＤに、国軍が警戒感を膨らませていたのは間違いなかろう。

ただ、なぜクーデターが二〇二一年二月という時期に起きたのだろうか。

ＮＬＤ政権が二期目にも改憲を目指す可能性は高かったが、まだ改正案が出てくる以前の段階だった。

民政移管後、ミャンマーへの外国企業の進出や投資が増え、ＭＥＨＬやＭＥＣは合弁を組んでビジネスを展開し、国軍関係者は利益を得ていた。将来的な不安は小さくないものの、当面の経済的損得だけを考えれば、クーデターで利益を失うリスクのほうが大きい。

実際、市民に浸透していたミャンマービールはクーデター後、国軍とつながりがある会社の製品に対する不買運動を受け、商店から姿を消した。キリンはＭＥＨＬとの合弁解消を発表。米国や英国がＭＥＨＬとＭＥＣに取引停止の制裁を科すなど、具体的な影響が出ている。

クーデターに至った主な理由として排除できないのが、ミンアウンフライン総司令官の個人的な事情だ。

ミンアウンフラインは一九五六年七月生まれ。ミャンマーの最高学府ヤンゴン大で法律を学び、国軍幹部を養成する「国軍士官学校（DSA）」に進んだエリートだ。

少数民族武装勢力との紛争を指揮して頭角を現し、二〇一一年の民政移管に伴い、軍政を約二〇年率いたタンシュエが引退すると、総司令官の座を引き継いだ。

ロヒンギャ迫害やクーデターで、諸悪の根源のように描かれるミンアウンフラインだが、直接知る複数の人から「ただずまいは穏やかで紳士的」との評価が聞こえる。「傑出した人物とは感じない」との声もある。

このように、スーチーのような個性を放つカリスマではないものの、大統領職を視野に入れた政治的野心の強さは、かねて指摘されてきた。

NLD政権成立前の一五年一月、シンガポールのテレビ局「チャンネル・ニュース・アジア」のインタビューで、大統領就任について「今、政治に関心を向けることは、職務に影響しかねない」としながら、「その時の状況によって判断する」と意欲を漂わせた。

行動に着目しても、総司令官就任以降、国軍として武器調達ルートを確保するという大きな目的があるとはいえ、国家元首であるかのように、中国やロシアなど外国を積極的に訪問してきた。二〇年一月、訪中して習近平国家主席と会談した際は、中国の巨大経済圏構想「一帯一路」への支持を表明している。

日本もたびたび訪れている。一四年には菅義偉官房長官（当時）、一九年には茂木敏充外相と会談した。

来日時の同行者によると、ミンアウンフラインは学校や食品工場を熱心に視察し、国軍のトップではあるが、行政や教育分野に関心を示した。政治活動への意欲について話を向けられても、嫌がる素振りはなかったという。

ミンアウンフラインは二一年七月で、六五歳になる。本来は六〇歳だった国軍総司令官の定年を一六年に五年延長した。延長後の任期が終わりに近づくなか、定年後の身の振り方を明言せず、動向が注目されていた。

大統領は軍人枠二五％、民選枠七五％の連邦議会で選ばれる。総選挙で改選されるのは民選枠だけであるため、ＮＬＤが議席全体の過半数を握るには、改選議席の三分の二（六六％）を超える議席を得なければならない。

総選挙でＮＬＤの獲得議席が改選議席の三分の二以下にとどまり、軍人枠とＵＳＤＰ、少数民族政党などの議員が共同戦線を張れれば、ミンアウンフラインにも大統領の目はあった。

ミンアウンフラインにとって、大統領のような高い地位にとどまることは、名誉だけでない意義を持つ。

ロヒンギャ問題を巡り、ジェノサイドの疑いがあるとして、国家間の紛争を裁く国際司法裁判所にミャンマー政府が訴えられただけでなく、個人を裁く国際刑事裁判所（ICC、オランダ・ハーグ）も捜査を始めている。国軍を率いるミンアウンフラインは、最も重要な捜査対象だ。

国内で権力を維持し、NLDのような対抗勢力を抑えていれば、有罪になった場合でも、ICCに身柄が引き渡される事態を回避するのに役立つ。

だが、二〇年の総選挙でNLDの得票議席は改選議席の三分の二を優に超え、ミンアウンフラインの大統領就任の可能性は、ゼロに近くなった。

有力なポストが用意されないまま、引退の期日は迫っていた。連邦議会が開会し、NLDの大統領が選ばれ、内閣が組織されれば、主導権は奪われてしまう。根拠の弱い「選挙の不正」という理由でも、自分と組織を守るために行動を起こすには、二月一日はギリギリのタイミングだった。

ミャンマーのニュースサイト「イラワジ」は五月二〇日、国軍が二月四日に総司令官の定年規定を撤廃していたと報じた。時間を稼いでいる間に、NLDを弱体化させ、ミンアウンフラインが大統領に就任する布石を早々に打った可能性がある。

†自己陶酔

前ミャンマー大使の樋口は在任中、ミンアウンフラインと二〇回ほど面会した。そうしたなかで毎回、抵抗感を覚える言葉を耳にしたという。

「国軍は複数政党制の民主主義を進めている。国軍は国民のための政治を行う」

政治が軍事に優先する「文民統制」とは真逆の発想で、国軍が政治を動かすのは当然という感覚がにじみ出ていた。

上智大教授の根本は著書『物語 ビルマの歴史』(一四年、中公新書)で軍政時代の標語を紹介している。「最高傑作」として挙げているのが「国軍だけが母、国軍だけが父」だ。ミャンマーでは、両親は敬い、従うべき存在に当たる。国民が国軍に従うべきだという考え方は国民主権の理念からかけ離れているが、〇八年の軍政下で制定した憲法は、そうした国軍の基本哲学を体現している。

樋口は「総選挙前、ミンアウンフライン総司令官には「(国軍側の勢力が)選挙に勝つ」と聞こえが良い情報ばかりが周辺から上げられていた可能性がある」とも推し量る。

ミンアウンフラインは二〇年一一月八日の投票日前、地元報道機関のインタビューで、選挙準備に誤りがあるとし、「国軍は国の守護者で、注視している」と脅しめいた態度をちらつかせる一方、結果の尊重も口にしていた。自身の投票直後にも「国民の総意を反映した選挙結果を否定することはできない」とコメントしている。好ましい結果ならば尊重し、望まぬ結果ならば選挙の不正を持ち出して、「総意を反映していない」と無視する都合の良い発言ともとれる。

NLD政権への移行期に米国のミャンマー大使を務めたデレク・ミッチェルは「国軍は傲慢で、自己陶酔している。国に不可欠だという自己像を持ち、国民の上に自分たちを置いている」と突き放す。

ミッチェルはミャンマーが民政移管した翌年の一二年、米国から二二年ぶりに派遣されたミャンマー大使となった。NLDが大勝した一五年の総選挙を見届けた後、一六年に離任した。

今回のクーデターと抗議活動の弾圧という暴挙の向こうに、国軍の思い上がりが招いた読み違えを指摘する。

「国軍は国民、特に若い世代によるネットなどの技術を使った抵抗を想像していなかった。

暴力で押し通すしかないと考えている」

クーデター前から、国軍と市民感情は乖離していた。

†軽視された助言

総選挙後、結果に不満を表すミンアウンフラインがクーデターに至る前に、スーチーとの間で歩み寄る機会はつくれなかったのだろうか。

国軍が総選挙の運営への批判を強めていた二〇年一二月、スーチーはミンアウンフラインの政治的野心や地位への執着心について、内々で注意を促す助言を受ける機会があった。

その際、スーチーはミンアウンフラインについて、このような発言をして、深刻にはとらえていない様子だったという。

「彼は気分屋だから」

優秀さと指導者としての長い経歴の裏返しか、スーチーには時折、他人に対して上から目線になる傾向が顔を出す。

一八年五月、筆者はノンキャリアながら在ミャンマー大使に抜擢された丸山市郎にインタビューした。丸山は外務省きってのミャンマー通で、同国での勤務は五回目。ミャンマー語を操り、スーチーとも自宅軟禁されていた時代から交流し、携帯電話で連絡を取れる関係を築いていた。

インタビューで、丸山が就任のあいさつのため、スーチーを訪ねた際の様子が話題に上った。スーチーは丸山に「自分の思う通り動く人がようやく大使になった」と話したという。

スーチーは長年の交流を踏まえ、親しみを込めて言ったのだろう。丸山も気まずいエピソードとして持ち出したわけではない。

だが、国家顧問のスーチーと同様、大使は国を代表する立場にある。いくら個人的に親しいとしても、小間使い扱いとも取れるような発言は慎むべきだろう。日本の国民の一人として、正直、心地よい思いはしなかった。

†水と油

米国の駐ミャンマー大使時代、スーチーとミンアウンフラインの両者と交流したミッチェルは「二人とも誇り高く、頑固で、意志が強い」と筆者に印象を述べた。

ミンアウンフラインについては「民主化のなかでの国軍の役割について尋ねても、国軍のプロ意識や慣例について話すばかりだった。（国軍を優遇する）憲法の改正について、全く興味を示さなかった」と守旧的な性向を振り返る。

一方で「彼は民主主義に反対だったわけではない」とも語る。ただし、民主主義には規律が必要で、市民自身に統治能力があるかどうかを試すテストであるとの見解だったという。市民による統治が乱れた場合、国軍の介入を正当化しているような考え方だ。

ミッチェルによると、スーチーとミンアウンフラインの関係は問題を抱えていた。「お互いに、相手を統治のために不可欠だと見ていなかった。そのために強い関係を築けず、不信感に満ちていた。だが、彼らの関係は（軍政から民政への）移行期に最も重要だった。共に働く方法を見つけ出すべきだった」

テインセイン政権時代、スーチーとテインセインの間には直接対話があった。国軍出身のシュエマン下院議長もスーチーに協力的だった。

しかし、テインセインは一五年の総選挙でNLDに大敗後、一六年に大統領の任期を終え、一線から身を引く。シュエマンも国軍内の権力闘争に敗れ、連邦議会の議席を失った。

スーチーと改革志向の欠如したミンアウンフラインでは、水と油のような関係であるのに加え、間をつなぐ人材もなかった。

一七年ごろまでは、スーチーとミンアウンフラインが非公式に会う機会が数回あったとの情報もあるが、少なくとも最近は、直接意見を交わす場は持たれなかった。

また、NLD政権発足後、ミンアウンフラインは国防や治安について協議する「国防治安評議会」を開催するようにスーチー側に求めていた。評議会はスーチーとミンアウンフラインを含めた閣僚や国軍幹部ら一一人のメンバーからなる。過半数を軍人が占めるため、議論の主導権を握られるのを警戒したのか、スーチーは一度も要求に応じなかった。

スーチーは暴力装置のすべてを握る相手との信頼関係が欠如したなかで、綱渡り状態で政権を運営していたともいえる。

ミッチェルは「傲慢」「自己陶酔」という言葉で国軍を表現したが、その性格は独立から七〇年以上内戦が続く国を分裂させずに守ってきたのは自分たちがあってこそだという、過剰な自負心に根差している。その過程で失われた少数民族や民主活動家らの数えきれない命は、脇に置かれている。国軍にとって戦場は国内にあり、国民にずっと銃を向けてきたのだ。

次章では、国軍に力を持たせる一因となっているミャンマーの複雑な民族問題について、いくつかの現場から見てみたい。

第三章
多民族国家の矛盾

ミャンマーからボートでたどり着き、疲弊した表情を見せるロヒンギャ難民ら
（2017年11月、バングラデシュ南東部シャムラプールにて。北川成史撮影）

1 ロヒンギャ七〇万人の流出

†「民族浄化」

二〇一七年一一月一日、筆者はバングラデシュ南東部のコックスバザールにいた。一〇月ごろまでの雨期が終わり、そろそろ乾期かという時期。あいにくこの日は早朝から雨がたたきつけ、肌寒い。

午前六時半すぎ、海岸沿いの道を車で走り、コックスバザールの町から南に約五〇キロ離れた村落シャムラプールに差し掛かったときだった。

道路左手に小屋が見える。その近くで数人の警察官が警戒している。車を止めた。小屋の中に、疲れ切った男女が肩を寄せ合っていた。ロヒンギャの難民たちだ。

その数、六三人。二八人が一八歳未満で、八カ月の赤ちゃんもいる。八七歳の高齢女性もいた。

前夜、闇に紛れて、隣国ミャンマーの西部ラカイン（アラカン）州からボートに乗り、荒れるベンガル湾を六時間以上かけて岸にたどり着いたという。

「おなかがすいた。頭も痛い」

ジョハ（一四）と名乗る少年は、きょうだい四人で逃げてきた。周りにジョハの両親の

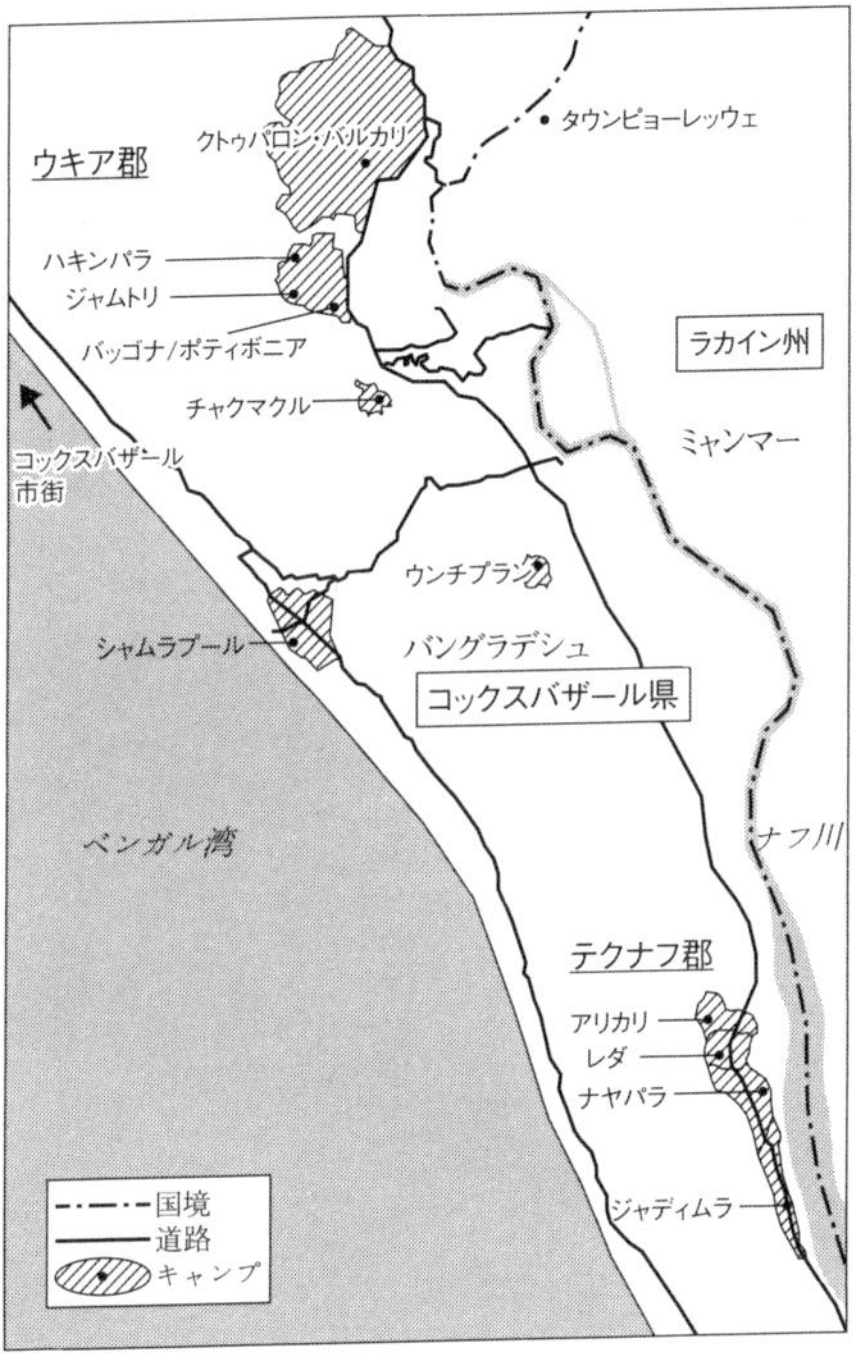

[主なキャンプの人数]

クトゥパロン・バルカリ	620,339人
ハキンパラ	32,848人
ジャムトリ	51,327人
ナヤパラ	40,661人

（2021年3月現在、ISCG調べ）

ロヒンギャ難民キャンプの所在地

バングラデシュ南東部コックスバザールで、見渡す限り粗末な小屋がひしめくロヒンギャ難民のキャンプ（2018年11月、北川成史撮影）

姿はない。「ミャンマーの治安部隊が村を襲い、妹の目の前で父さんを撃ち殺した。燃やされた家に、病気で走れない母さんを残し、逃げるしかなかった」

八月二五日にラカイン州北部で、ロヒンギャの武装勢力「アラカン・ロヒンギャ救世軍（ARSA）」が三〇カ所の警察施設と一カ所の国軍施設を襲撃。反撃に出た国軍、警察、ラカイン人の民兵らによる掃討作戦の影響でバングラデシュに逃れたロヒンギャは一〇月下旬には六〇万人を超え、コックスバザール近郊の山林を切り開いて、広大な難民キャンプを形成していた。

ロヒンギャはラカイン州北部を中心に暮らすベンガル系の人たち。言葉はベンガル語のチッタゴン（バングラデシュ南東部）方言に近い。ごく少数、キリスト教徒もいるが、ほぼ全体がスンニ派イスラム教徒だ。八月二五日以降の大規模流出前、同州には総人口の三分の一にあたる約一〇〇万人が住んでいたとみられる。

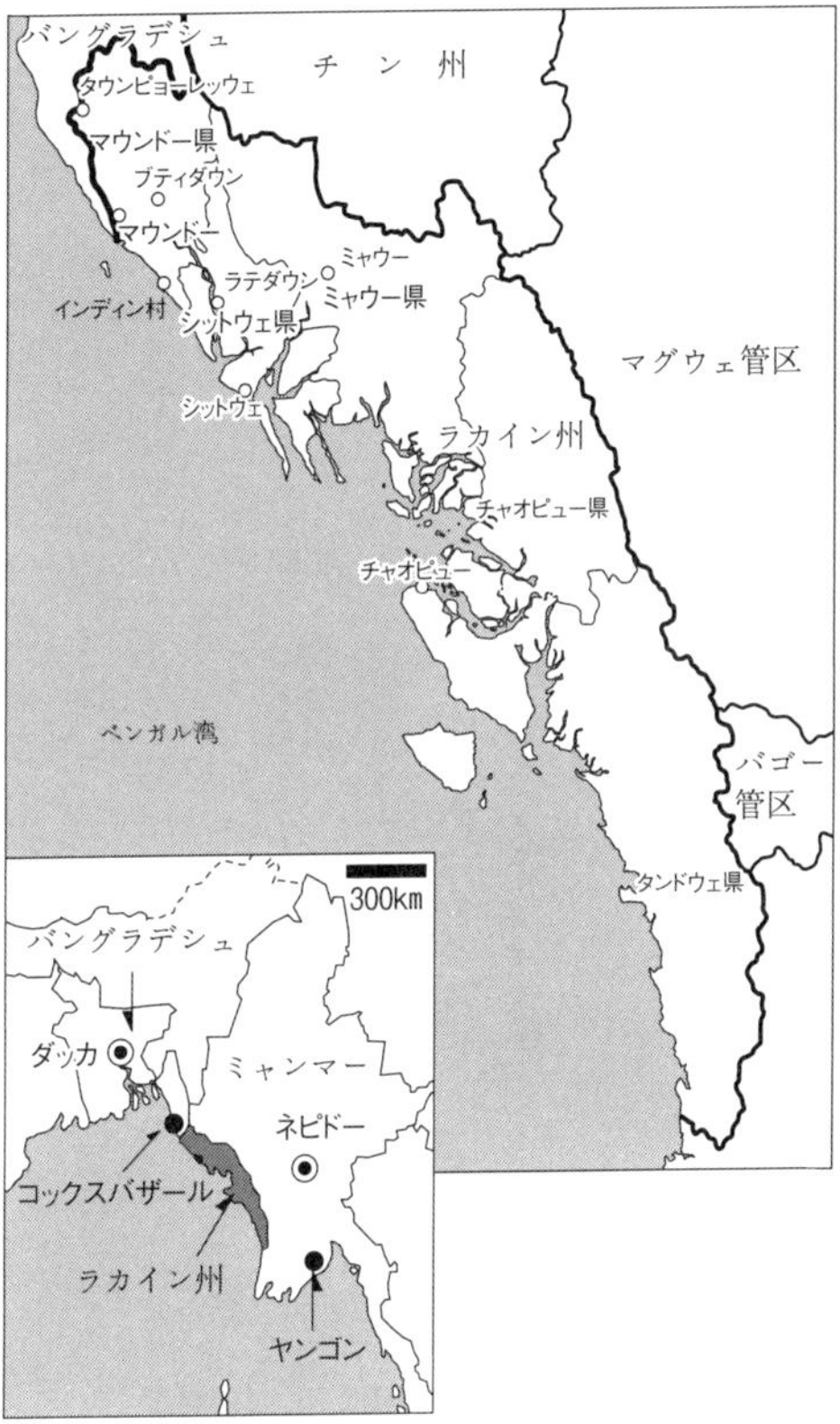

ラカイン州地図

ジョハの話を聞き、スーチーの発言が頭によぎった。

多数のロヒンギャ難民の発生に対し、スーチーは政府の実質的トップであるにもかかわらず、長く口をとざしていた。初めて公の場で見解を口にしたのは、流出開始から約一カ月たった九月一九日だった。

首都ネピドーで約三〇分間、外交官や報道陣を前に、国際社会を意識して英語で演説した。スーチーは「すべての人権侵害と暴力を非難する」としながら、武装集団による治安部隊への襲撃が発端だと強調。「治安部隊は作戦遂行で行動規範を厳格に遵守している」と主張し、「民族浄化」という国際社会の批判に反論した。

そして、「九月五日以降、武力衝突はなく、作戦は行われていない」と説明した。

明らかに不自然だ。九月五日から約二カ月たっても、ジョハたちのように、船が転覆する危険を賭して、国を出る人たちが相次いでいる。

国際人権団体「ヒューマン・ライツ・ウォッチ」は一七年一〇月一七日、少なくとも六六カ所の村が九月五日以降も焼かれたとする衛星写真の分析結果を公表した。九月五日以降も、治安部隊の攻撃が続いていた可能性が高い。

スーチーに現場の生々しい状況がどの程度報告されていたのか。演説後、時の経過とともに疑問は膨らんでいった。

この演説でスーチーは「アラカン・ロヒンギャ救世軍（ARSA）」の名称に言及する以外、「ロヒンギャ」の呼び名は使わなかった。

ミャンマーでロヒンギャは、バングラデシュなどベンガル地域から来たよそ者として、「ベンガリー」と差別的に呼ばれる。スーチーの演説は、そうした国内世論への配慮がにじみ出ていた。

国軍のミンアウンフライン総司令官は二日前の九月一七日、フェイスブック（FB）への投稿で、暴力の原因を作ったのは「ベンガリー」の武装勢力で、国軍は応戦しているだけで民間人を攻撃していないと主張していた。スーチーの演説は、この主張を追認するような格好になった。

民主化運動を率い、ノーベル平和賞を受けたスーチーから何らかの反省や国軍への厳しい言葉があるかどうか、見守っていた人々に失望感が広がった。

「アウンサンスーチー、あなたもか」

同時に、国軍にさまざまな特権を認めたミャンマーの憲法のもとで、国民的に人気のあるスーチーといえども身動きが取りにくい現実をうかがわせた。

†苛烈な掃討作戦

治安部隊の掃討作戦は苛烈だった。

国際NGO「国境なき医師団」は一七年一二月に発表した調査結果で、八月二五日から一カ月で、少なくとも六七〇〇人が殺害され、そのうち少なくとも七三〇人は五歳未満の子どもだったと推計していた。

深刻な性犯罪の訴えも相次いだ。

「夕方、治安部隊が村にやって来て、家々に火を付けた。私たちが森に逃げるのを兵士たちは見ていて「出て来い。森に火を付けるぞ」と脅した」。コックスバザールの難民キャンプで、女性（二五）は筆者に重い口を開いた。「指示に従って森を出ると、海岸に連れて行かれて、目の前で漁師の夫（二五）と兄（三〇）を殺された」

悲劇は終わらなかった。三人の兵士が襲いかかってきた。両手を後ろ手に縛られ、猿ぐつわをされた。暴行のなかで、女性は気を失った。服をはぎ取られた状態で横たわっているのを母親（六〇）が見つけたときは、深夜になっていた。

女性は母親、娘（六）と三人で歩き続け、ボートで海を渡り、バングラデシュに逃れた。

他人に被害を相談できないまま、竹と防水シートで組んだ粗末な小屋で、ひっそり暮らす。「どうしたら忘れられるの?」。大粒の涙がいくつも、女性の目からこぼれた。

国連人権理事会が設置した国際調査団(IIFFM)が一八年九月に提出した報告書は、掃討作戦による死者数の総計を控えめに見積もって一万人としている。村の焼き討ちや女性への集団レイプにも言及。国軍主導でジェノサイド(民族大量虐殺)など国際法上の重大犯罪が実行されたと断定し、ミンアウンフラインらを国際法廷に刑事訴追すべきだと主張した。

オーストラリアの大学を中心とする研究チームが一九年二月に発表した報告では、一七年八月以降、二万四八〇〇人が殺害、一万八五〇〇人がレイプされ、約三〇〇の村が焼かれたと推定している。

IIFFMや研究チームの報告はともに、バングラデシュの難民キャンプでの聞き取りが基盤になっている。主権を理由に独自の調査にこだわるミャンマーでの聴取はできていない。

IIFFMの主張に沿って、西アフリカのガンビアが一九年一一月、イスラム圏の国・地域で構成する「イスラム協力機構(OIC)」を代表し、ミャンマー政府は大量虐殺の防止に関する「ジェノサイド条約」に違反したとして、国際司法裁判所（ＩＣＪ）に提訴した。

†根強い差別意識

非人道的な迫害は、ロヒンギャへの差別意識を映し出している。

国軍のロヒンギャに対する見方を考えるうえで、キンニュン元首相が著した書籍『ミャンマー西門の難題』（一八年、恵雅堂出版）が興味深い。キンニュンは情報畑を歩んで国軍ナンバー3まで上り詰め、タンシュエの軍政時代に首相を務めたが、〇四年、汚職を理由に失脚させられた。

「ミャンマーには昔、イスラム教徒もロヒンギャも存在しなかった」。キンニュンは、はっきりと記す。そして、かつて仏教が栄えたが、現在はイスラム教が主流になったアフガニスタンやインドネシアを例に挙げ、こう危機感をあおっている。

「様々な方法で侵入してきたベンガル人たちは、独立直後から、ロヒンギャという呼称を利用してイスラム教徒の州を作ろうと模索した。州を得た後にミャンマーから分離し、ジハード（聖戦）を展開してミャンマー全体をイスラム教国にしようとしていた」

たしかにロヒンギャの一部に過激な考え方の人間はいるが、直に接する限り、分離独立を現実的に目指す人間が主流を占めている印象は受けない。だが、キンニュンの考え方と通じるロヒンギャへの不信感が、ミャンマー人の間に漂っているのは事実だ。

ロヒンギャが大規模流出した後の一九年一一月、筆者は最大都市ヤンゴンにある大型ショッピングモール「ミャンマー・プラザ」に足を運んだ。モールは軍政時代にスーチーが軟禁されていた家にほど近い。携帯電話店や衣料品店、日本料理を含む飲食店など多くの店舗が入居し、家族連れやカップルで賑わっている。民政下での経済成長と中産階級以上の増加を象徴するような場所だった。

モール内で、英語を話す不動産業のビルマ人男性（四八）にロヒンギャについて聞くと、自分の腕を見せて言った。「彼らの肌は黒い。君や私のように白くはないだろ？　彼らはミャンマー人ではない」

当時、筆者は南国タイのバンコク支局駐在が二年を超えていた。ランニングが趣味で、平均的な日本人よりだいぶ日焼けしていたので、「白い」と言われたのは意外だった。相対的な色の濃淡で人を評価するのは馬鹿げた話だが、日本人の目には色黒に映る男性は、自分より「肌が黒い」ベンガル系のロヒンギャを見下していた。

ミャンマーでは法律上、ロヒンギャをミャンマーに住み続けてきた先住民族「タインインダー」だと認めていない。

ミャンマーには先住民族のリストがある。現在のリストにはカチン、カヤ、カレン、チン、ビルマ、モン、ラカイン、シャンという八つの主要グループの下に、計一三五の民族が名を連ねている。

民族と行政単位は密接に関連する。主要グループのうち、国民全体の七割を占めるビルマ人が多く住む地域は、国土の中央部を中心に七つの管区が割り振られている。その他、七つの少数民族の主要グループが多く住む国土周縁部は、それぞれのグループ名を冠して、七つの州に分けられている。

ネウィン時代の一九八二年に改正された国籍法に基づき、一三五の先住民族には自動的にミャンマー国籍が与えられる。このなかにロヒンギャは含まれていない。国籍法において、先住民族は、第一次英緬戦争が始まる一八二四年より前からミャンマーに住んでいた民族として定義付けられる。英国による植民地化が始まる以前に、ロヒンギャはミャンマーにいなかったという扱いをされているのだ。

このように重要な少数民族のリストだが、その区分けの正確性については問題がある。

主要八グループの一つ、チンは五三の民族に分けられているのに、モンは「モン」の一つしかない。既に存在しない民族が含まれていたり、指し示す集団の重複があったりするという指摘もある。

ミャンマー人に民族について聞くと、「国民登録上はビルマ人だけれど、先祖をたどるとモンやカレン、シャンの血も入っている」というような話に時々出くわす。国民一人一人に、厳密で統一的な運用がなされているのか、疑問を抱いてしまう。

「仏教テロの顔」後継団体を訪ねて

ヤンゴン郊外の広々とした敷地に、いくつもの建物が立っている。新しいトヨタの四輪駆動車に乗って出かける仏僧とすれ違った。

二〇一八年一月、ミャンマーの仏教団体「ブッダ・ダーマ慈善活動財団」の本部を訪れた。財団は、一部メンバーがロヒンギャを含むイスラム教徒排斥の言動を繰り返し、解散させられた「民族宗教保護協会（マバタ）」の後継団体に当たる。

マバタは一三年に仏教保護を目的として結成された。一二年にラカイン州でロヒンギャと仏教徒が中心の少数民族ラカイン人の衝突が起きたのを契機に、ミャンマー各地でイスラム教徒への攻撃が起きた時期と重なる。

このころヤンゴンを中心に、イスラム教徒が経営する店や扱う商品をボイコットする「969」という運動が広がっていた。969は「仏陀の九徳」「仏法の六徳」「僧侶の九徳」という仏教の概念から象徴的に取られた数字だ。

仏教徒が人口の九割を占めるミャンマーで、マバタは圧力団体として力を持っていた。969運動を推進し、仏教徒の女性と異教徒の結婚を規制する法律の成立を後押しした。スーチーが率いる国民民主連盟（NLD）に対しては、この法案への反対などを理由に「イスラム寄り」との批判を展開した。

マバタの広告塔になったのが、「イスラム教徒がミャンマーを乗っ取ろうとしている」などと反イスラムの説法を繰り返していたウィラトゥ師だった。欧米メディアに「ミャンマーのビンラディン」と称され、米誌タイムの表紙では、アップの写真付きで「仏教テロの顔」と紹介されたこともある。

ミャンマーの仏教僧の最高管理組織「マハナ」は一七年、ウィラトゥに一年間の説法禁止を命じ、マバタにはその名称を使った活動をしないように求めた。

マバタは解散に追い込まれたが、ブッダ・ダーマ慈善活動財団に衣替えした。一方、ウィラトゥは過激な説法をやめず、一九年、集会で「化粧や着飾ること、ハイヒールで歩くことしか知らない」などとスーチーを侮辱したとして逮捕状が出され、逃亡の末、二〇年一一月に警察に出頭している。

ロヒンギャの大規模流出が起きた後、筆者はマバタの後継であるこの財団に見解を聞いてみたかった。会社のミャンマー人助手を通じて取材の希望を伝えると、財団からは、所定の書面で申し込むように言われた。

財団は英語の取材申込書を用意していた。「International Relations Department（国際関係部門）」と末尾に入っており、国際的な広報宣伝にも気を遣っているようだ。

取材の日、やや早めに到着したので、敷地内で時間を潰していた。ミャンマー語や英語で書かれた仏教の書籍を販売するコーナーが目に入った。イスラム教徒が仏教徒の女性と結婚し、ミャンマーで勢力を広げようとしていると訴える内容の書籍があった。マバタのころと主張はあまり変わっていないらしい。

広報担当者によると、財団の支持者は全国で三万人。ヤンゴンの本部だけで五〇〇人の僧侶がいる。全国の僧侶の八〇%が財団に所属しているというが、本当だろうか。

地元メディアによると、一九年、ヤンゴン管区の国軍司令官が個人的に、三〇〇万チヤット（約二一〇万円）を財団に寄付したという。保守的な国軍の主張との親和性は、マバタ時代から指摘されている。

取材は会議室らしき大きめの部屋で、柿色の僧衣姿の財団幹部トーマナ師（四六）が対応した。

バングラデシュに逃れたロヒンギャ難民の帰還について聞くと、「法律に基づく本当の国民なら戻るのは構わない。だが、国民にもなれない人が入ってくるのは反対する」と答えた。ロヒンギャの大半はよそ者扱いで国籍を得ていない。事実上、帰還を拒否する回答だった。

取材は私が英語で尋ね、助手がミャンマー語に通訳する形式だった。私が「ロヒンギャ」という単語を何度も使ったのが、気に障ったらしい。

「今の言葉は聞きたくないくらいだ。もともとそういう民族はミャンマーにいなかった。その民族を認めないと戻れないと言うのなら、戻らなくてもいい。それを認めるのは国全体が反対だ。ミャンマーの仏教徒は認めない」

取材を終えると、助手が耳打ちした。「彼は本当に怒っている。謝ったほうがいい」

悪事をはたらいたわけでもないのに、なぜ謝らなければならないのかと思いつつ、助手の顔を潰すのも嫌だったので、椅子に座ったトーマナの前に正座し、床に手をついて頭を下げた。

「申し訳ございません。私もその言葉は使いたくはないのですが、仕事なので仕方がありません。気分を害したとしたら、とても残念です」。英語で言って、助手に訳してもらった。トーマナは軽く、うなずいた。

助手も続けて頭を下げ、手を合わせながら、ミャンマー語で何か伝えていた。過激派、急進派と称されても、僧侶は敬意を払うべき対象となる。ミャンマーでの仏教の影響力の大きさをあらためて感じた。

†ロヒンギャのルーツ

ミャンマー・プラザの男性や急進派の僧侶が「もともとミャンマーにいなかった」とするロヒンギャだが、そのルーツをすべて、国籍法上の分水嶺となる一八二四年以降に集約するのは難しい。

高田峰夫・広島修道大教授（バングラデシュ研究）は「ベンガル系の人がラカイン州に住み始めたのは、少なくとも一六、一七世紀まで遡る」とみる。

高田によると、ラカイン州にベンガル系の人口が急激に増えたのは

①一六〜一七世紀にかけ、現在のラカイン州ミャウーを都とするラカイン人のアラカン王国が、バングラデシュ南東部のチッタゴンまでを領有し、ベンガル系の人々が流入した時期

②一八二四年からの第一次英緬戦争に敗れたビルマ人のコンバウン朝が、支配していたラカイン州地域を一八二六年に英国に割譲。その後、英国が農業従事者を増やすため、チッタゴン方面からの入植を奨励した時期

③一九世紀末から二〇世紀初めに、ともに英国の植民地支配下にあったベンガル地域での飢饉などからラカイン州に流入した時期

④一九六〇年代から一九七一年のバングラデシュ独立戦争にかけてと、七四年のバングラデシュ大飢饉の際に、ベンガル地域からラカイン州へ避難した時期

の四つの時期が考えられる。①〜④をルーツとする人々が混在して、ロヒンギャを構成しており、人口規模は③と④が多いという。

すなわち、ミャンマー人が持つロヒンギャの印象は②〜④に焦点が当てられ、①は軽視されている。

逆に、ロヒンギャの主張は、①を含めた第一次英緬戦争前に力点を置く。

「ロヒンギャ」の呼び名の由来についても、それは当てはまる。

ミャンマーからインドネシアに逃れ、ロヒンギャの権利擁護の活動をするモハマド・ジョナイド（二六）は「アラビア語で憐れみを意味する『ラハン』が『ロハン』に変化し、ロヒンギャになった」とし、中東との古いつながりがあると主張。タイのロヒンギャ人権活動家は「ラカイン州地域は昔、私たちの言葉で『ロハン』と呼ばれ、その住民が『ロヒンギャ』だった。ロハンが変化して『アラカン』になった。だからロヒンギャの歴史は（一五世紀に生まれた）アラカン王国より前だ」という説を展開する。

一方、タイを拠点にミャンマーの歴史を研究するフランス人学者ジャック・レイダーによると、ロヒンギャという言葉は、インド系の言語におけるラカイン州地域の呼称から派生したと考えられる。ロヒンギャに近い単語として確認できるのは、英国人医師のフランシス・ブキャナンが一七九九年、コンバウン朝の支配下にあったミャンマーを訪れた際、ラカイン州地域に「Rooinga（ルーインガ）」と呼ばれる人がいたと記しているのが最も古いという。

「ロヒンギャ」という呼称自体を文献で確認できるのは、一九五〇年代以降と比較的新しい。ミャンマーの独立後、ラカイン州北部のベンガル系の人々が、自らの権利保護を模索していた時期だ。

一九四七年、アウンサン将軍と少数民族の間で「パンロン協定」が結ばれ、少数民族の自治権を認める連邦制を目指すという合意がなされた。ただ、前章で述べた通り、協定に参加したのは、カチン、シャン、チンという三つの主要民族グループで、ベンガル系の人々は枠外だった。

ベンガル系の間には、ラカイン州北部の独立や東パキスタン（現バングラデシュ）との統合を目指し、武力闘争に走る急進派もいた。そうしたなか、ミャンマー政府に対して権利を認めさせるため、「ロヒンギャ」という呼び名を使い、民族としてのアイデンティティーを確立させる動きが加速していった。

こうした動きは、ベンガル系はよそ者という意識がある社会で、国家権力や他の集団との摩擦を呼ぶ。軋轢はミャンマーの独立前から既に顔を出していた。

第二次世界大戦中、日本軍はラカイン州まで侵攻。英国軍との争いで混乱が広がるなか、仏教徒のラカイン人とイスラム教徒のベンガル系の人々（ロヒンギャ）の衝突が起きた。同州で主導権を握るため、日本軍がラカイン人、英国軍がロヒンギャを武装化したと伝えられる。この経緯は両集団の間に深く残る傷跡となった。

戦後もラカイン州で、ロヒンギャとラカイン人の対立は続き、国軍の弾圧による大規模なロヒンギャ難民も二〇一七年より前から、たびたび発生してきた。

一九七八年、ネウィン軍政が「ナガーミン（竜王）作戦」と称して実施した大規模な不法入国者摘発を契機に、約二〇万人がバングラデシュに逃れた。

九一〜九二年、ARSAの誕生前から存在した武装勢力「ロヒンギャ連帯機構（RSO）」への軍事作戦を国軍が実行し、約二五万人がバングラデシュに逃れた。一部の難民は帰国せずに在留した。

二〇一二年、ラカイン人の女性がロヒンギャらに集団暴行のうえ、殺されたとされる事件が発生。ロヒンギャとラカイン人の深刻な衝突に発展した。ロヒンギャら一〇万人以上が国内避難民（IDP）となり、キャンプでの生活を強いられたほか、バングラデシュに逃れる人も出た。このIDPキャンプは現在も残る。

一六年一〇月には警察施設三カ所が武装集団に襲撃される事件が起きる。これが、AR

SAによる最初の武装蜂起だった。治安部隊が反撃に出て、約七万人がバングラデシュに避難した。一七年二月、国軍による掃討作戦の完了が宣言されるが、その半年後、再びARSAの襲撃が起き、過去最大の難民が生まれる。

†少しずつ奪われる権利

ミャンマー政府のロヒンギャへの対応は独立後、強硬姿勢で一辺倒だったかというと、違う。むしろ一貫性がなく、そのことが問題をより複雑にしてきた。

一九年一一月、ヤンゴンのビルの一室にある「民主人権党」の事務所を訪れた。名称ではわからないが、ロヒンギャたちでつくる政党だ。幹部らは名目上、「ラカイン」や「カマン」という先住民族として国籍を得ていた。

幹部らは筆者に、古い新聞の写真を見せた。ミャンマー語で土着民族の番組と書かれた後、カチン、カレンなどに続いて、「ロヒンギャの番組」もあった。一九五〇〜六〇年代、ロヒンギャの言葉によるラジオ放送が認められていたころの番組表と思われた。

さらに幹部らは「ロヒンギャはかつて先住民族のリストに入っていた」と主張した。八二年に国籍法が改正されるまで、先住民族のリストには一四四の民族が含まれていた。

このなかにロヒンギャそのものはないが、ロヒンギャに近い「ラカイン・チッタゴン」という分類があった。改正国籍法の施行に伴い、リスト上の先住民族は一三五に整理され、ラカイン・チッタゴンは外された。

たしかに国籍法の改正までは、「ロヒンギャ」の名称にこだわらなければ、植民地時代からミャンマーで暮らすベンガル系の人が国籍を得る方法は、現在より寛容だった。五〇年代にはロヒンギャの連邦議会議員も存在した。

大きな潮目の変化は、六二年のネウィンのクーデターで始まった軍事政権だ。国軍は、ビルマ人中心の排他的な性格が強かった。先住民族として認める数を絞り、改正国籍法で国民、準国民、帰化国民の三分類を設定した。国民はリストに載った一三五の民族の一員に限った。それ以外の植民地時代からの住民も、準国民や帰化国民として国籍を得る余地が残されたが、準国民・帰化国民の場合、就職や進学で差別を受けた。

ややこしいことに、当時ロヒンギャの多くは国籍を得なかったが、九〇年代から「ホワイトカード」と呼ばれる暫定的な在留許可証を与えられた。

国軍に有利な憲法の制定を決めた二〇〇八年の国民投票や軍政の後継政党USDPが勝利した一〇年の総選挙は、ホワイトカード所持者も投票できた。ところが、一五年、憲法裁判所の判断に基づきホワイトカード所持者の投票権は否定され、同年一一月の総選挙には参加できなかった。

ロヒンギャにある程度の権利を認めていた背景については、選挙で票を得たい政治家や国民投票の投票者数を多く見せたい軍事政権の思惑、ロヒンギャが農業労働力としてラカイン州に定着していた実態などが挙げられる。

権利の制約についてロヒンギャらに聞くと「Slowly, slowly（ゆっくり、ゆっくり）」という表現をしばしば耳にする。

当事者にしてみれば、国民の一員のような扱いを受けていたのに、権利を次々と剝奪されていったという憤りを抱いても致し方ない面がある。

†スーチーは何を語ったか

一六年三月にNLD政権が発足し、事実上のトップとして国内外の期待を受けていたスーチーは、ロヒンギャ問題を無視していたわけではない。

スーチーは一六年九月、元国連事務総長のコフィ・アナン（一八年八月死去）を議長とする「ラカイン州諮問委員会」を発足させた。ロヒンギャ問題を中心に、同州を巡る課題の解決策を導き出すのが目的で、一七年八月二四日、八八項目の提言からなる最終報告書を大統領に提出した。

提言は、市民権（国籍）の承認プロセスに明確さや透明性を求め、国籍法の見直しの必要性にも踏み込んだ。ロヒンギャとラカイン人のコミュニティ間の対話促進や治安部隊の人権意識向上、国内で最貧困地域であるラカイン州の経済発展の必要性にも触れている。重要な課題に向き合っているとして、国際的な評価は高い。

ところが、提出翌日の八月二五日、ARSAが治安部隊の施設を攻撃。掃討作戦が始まり、建設的な雰囲気は一気にしぼんでしまう。

一七年九月以降、提言を実施するための委員会と、それを支える助言委員会が設置された。

助言委はミャンマー国内外の識者らで構成されたが、発足間もない一八年一月、メンバーだった米国の元国連大使ビル・リチャードソンが会議でスーチーと衝突し、辞任する。

その場にいたタイの元国会議員コブサック・チュティクル（六七）によると、ロヒンギャ迫害の取材を巡り、ロイター通信記者が逮捕された事件について、リチャードソンが問題提起したところ、スーチーが目を見開いて「それはあなたの仕事じゃない」と激怒。辞任につながったという。

コブサックも、ミャンマー政府がロヒンギャ問題への取り組みを印象付けるため、自分たちを利用するのではないかと懐疑的になり、助言委の相談役を同年七月に辞めた。助言委は翌八月、最終報告書を政府に提出したが、内容は公表されていない。コブサックは「最終報告書は、私が集めたNGOの資料などをまとめたものだ。コピー・アンド・ペーストのような代物で、とても表に出せない」と明かした。

NLD政権はロヒンギャ迫害を巡り、国連人権理事会の国際調査団（IIFFM）の入国を拒む一方で、一八年七月、国内外のメンバーで、独立調査委員会（ICOE）を設置した。メンバーには日本の大島賢三・元国連大使（二一年五月死去）も含まれていた。

ICOEは二〇年一月二〇日、最終報告書を提出したと発表した。全文は未公開だが、要旨などは公開されている。問題の発端としてARSAの責任を強調する傾向が気になるものの、治安部隊によるロヒンギャ住民の殺害を認めている。取り上げた複数の村落での事件の死者数を合わせると、IIFFMの推計と開きはあるが、約二〇〇〇人に上る。

だが、この報告書の欠陥は、バングラデシュなどに避難したロヒンギャ難民から話を聞かないいないまま、ミャンマー国内での関係者の聞き取りを基にまとめた点だ。

また、発表のタイミングもできすぎの感がある。報告書は国軍による深刻な人権侵害を指摘しつつ、ジェノサイドの意図はなかったと結論付けた。約一カ月前、スーチーが国際司法裁判所（ICJ）の口頭弁論で主張した見解に沿っている。ミャンマーを提訴したガンビアは口頭弁論で、迫害は継続中だとして、迫害停止の仮処分命令を出すようにICJに求めていた。ICJの判断は発表三日後の一月二三日に予定されていた。

政治的な匂いは拭えなかった。スーチーからは問題解決よりも、自国の弁護に力を入れる雰囲気のほうが濃く漂うようになっていた。

ただし、国軍の弁護ではなかったため、クーデター発生までの過程で、両者の関係が悪化する一因ともなった。

†過激派集団ARSA幹部の証言

二〇年三月、筆者はマレーシアをうろついていた。

イスラム教が国教のマレーシアは、ミャンマーを離れたロヒンギャの主要な行き先になってきた。国連難民条約に加盟しておらず、ロヒンギャらに正規の就労や公立学校への就学ができる合法的な地位は与えていないが、国連難民高等弁務官事務所（UNHCR）への難民登録は認めている。

難民登録すると病院の治療費が半額になり、逮捕や送還を免れやすい。ロヒンギャの登録は一〇万人超に上る。滞在を事実上黙認するマレーシアで、ロヒンギャたちは主に肉体労働で生活費を稼ぎ、暮らしてきた。

首都クアラルンプールに近い港町クランにはロヒンギャの大きなコミュニティが形成されていた。密航組織のブローカーに頼んで海を渡り、マレーシアに逃れたロヒンギャたちがいた。ブローカーへの仲介料は、ある女性は三五〇万チャット（約二五万円）、別の女性は六五〇万チャット（約四六万円）だったと明かした。

クアラルンプール郊外の工場で、ロヒンギャの男性ヌル（二八）＝仮名＝が取材に応じた。

月給一五〇〇リンギット（約四万円）で機械修理の仕事をしているヌルには、もう一つの顔がある。武装勢力ARSAのメンバーだ。

ヌルはマレーシアにおけるARSAの幹部の一人だと自称する。ARSAの実働部隊はミャンマーやバングラデシュで活動している。マレーシアでのARSAの主な活動は資金調達だ。ヌルら五人ほどが国内の幹部を務め、その下に約五〇人の活動家、さらに数百人の支持者がいる。ヌルは支持者にARSAのための寄付を募る。ヌル自身、毎月二〇〇リンギットを出している。集まった寄付金は地下銀行などを通じて国外に送るという。「スーチー政権で状況は悪化した。国際的圧力も通じない。戦うしかない。ARSAの支持者は増えている」。政権を取るまではスーチーとNLDに期待していたというヌルは主張する。

ARSAは一二年にミャンマーのラカイン州で起きたロヒンギャとラカイン人の衝突を機に、一三年ごろ結成された。軍事部門の最高司令官はパキスタン生まれでサウジアラビア育ちのアタウラ。ラカイン州で若者らをリクルートして軍事訓練を施し、一六年一〇月に同州で実行した警察施設襲撃で姿を現した。一七年八月にも警察施設などを襲撃し、大規模な難民流出のきっかけをつくった。

ARSAの実態は判然としていない。国軍は一七年八月の襲撃に加わった規模を六二〇〇～一万人と発表したが、核となる戦闘員の規模は五〇〇人程度とみられている。襲撃時の武器は銃や手製爆弾もいくらか使われたようだが、棍棒や刀が中心だった。一七年八月の後は、二一年五月の時点で目立った行動は起こしていない。

マレーシアのヌルは筆者の取材に「ARSAの戦士は六〇〇〇人ぐらいいる」と誇示し

たが、ヌルとの面会を仲立ちしたロヒンギャは取材後、「多くても一〇〇〇人くらいだろう」と見積もっていた。

ミャンマーの少数民族武装勢力には、数万人規模の軍隊のような組織もあるが、ARSAの場合は小規模な過激派集団といったほうが近い。RSOなど既存のロヒンギャ武装組織からの合流者もいるといわれるが、ミャンマー国外の組織との明確なつながりは確認されていない。

筆者の手元に二〇年九月、バングラデシュから送られてきた動画がある。コックスバザールの難民キャンプで夜間に隠し撮りされたという。棍棒や懐中電灯を手にした約四〇人の男たちが早足で歩き去る。

キャンプで活動する人権活動家によると、避難生活が長引くにつれ、ARSAなどを名乗るグループが地元治安機関の目が届かない夜間を中心に、活発に動き回るようになっている。キャンプで難民が開いている雑貨や食料の店から、五〇〇〜一〇〇〇タカ（約六五〇〜一三〇〇円）程度の場所代を集め、グループ間の抗争も起きているという。

†遅れる帰還

ＵＮＨＣＲによると、一七年八月以降、七三万人を超えるロヒンギャがバングラデシュに逃れた。それ以前の難民を含めると、約八八万人に上る。

ミャンマーとバングラデシュ両政府は一九年八月二二日、ロヒンギャの大規模避難が始まってから丸二年を前に、難民約三五〇〇人を第一陣に選び、帰還を開始する予定だった。だが、応じた人は一人もいなかった。

第一陣に選ばれたものの、帰還を避けるため、キャンプ内の親戚宅に身を潜めた女性（二五）は「ミャンマー政府がロヒンギャを他の先住民族と平等に扱わない限り、戻っても監獄と一緒」と不信感をあらわにした。

両国間の合意の枠外で、自力で帰還した難民もごく少数いる。

同月、ミャンマー政府が把握している約二五〇人の自力帰還者のうち一二人と面談した駐ミャンマー大使の丸山によると、「キャンプ内で「帰りたい」と明らかにしたら、帰還に反対するＡＲＳＡに殺されるので、密かにミャンマーに戻った」という声が出ていたという。

ＡＲＳＡは一七年三月、ネット上でミャンマー政府への二〇項目の要求を発表した。ロヒンギャを先住民族として認め、国民としての身分証を発行するように求めている。先住民族と認められる前提がない段階で帰還する人間は、裏切り者扱いされるのだろう。

ただ、就業機会や安全な生活環境を求め、ラカイン州からマレーシアなどに渡ろうとするロヒンギャは新型コロナのパンデミックのなかでも後を絶たない。ミャンマーでのロヒンギャの権利保護に関する議論の停滞が、根本にある。ロヒンギャが求める迫害の刑事責任の追及は、独立調査委員会（ICOE）が最終報告書をまとめた後も、国内で目立った進展はなかった。

加えて、一七年八月以降に多数のロヒンギャがバングラデシュに逃れた後、空白を埋めるように、ラカイン人の武装勢力「アラカン軍（AA）」の活動が同州で激しくなり、国軍と衝突して治安は悪化した。ARSAの存在だけでは帰還の遅れを説明できない。

コロナ禍で、国境を越えた帰還に向けた作業は止まった。加えて、クーデターで実権を握ったミャンマー国軍は、ロヒンギャの帰還と共存を欲していない。

バングラデシュの難民キャンプに報道関係者が出入りするのはコロナ禍でより困難となり、状況が報じられる機会は激減した。

問題の長期化と風化が懸念されるなか、ロヒンギャを取り巻く状況は、厳しさが増すばかりとなっている。

†マハティール前首相の視線

二〇年六月、新型コロナの流行拡大が収まらないなか、筆者はマレーシアのマハティール・モハマド前首相にオンラインで話を聞いた。マハティールは一九二五年七月生まれ。大学卒業後に医師になり、六四年に下院議員に当選。八一年に首相に就任すると、日本などの発展から学ぶ「ルック・イースト（東方）政策」を提唱し、マレーシアを東南アジア有数の工業国に成長させた。

筆者のオンラインのインタビューに答えるマレーシアのマハティール前首相（2020年6月、マハティール氏提供）

二〇〇三年まで政権を担い、一旦は政界を引退したが、一八年の総選挙で勝利し、九二歳で首相に返り咲いた。二〇年二月、後継問題を巡って辞任していた。

医師経験を持つ身として、新型コロナの感染拡大をどう見ているのか、米中対立の東南アジアへの影響や自身の後継を巡る混乱をどう考えているのかなど、幅広く質問した。マハティールは当時九四歳だったが、論理的な受け答えが印象に残った。

イスラム教国のマレーシアには一〇万人を超えるロヒンギャがいる。マハティールもイスラム教徒だ。首相在任中、スーチーも出席するASEAN首脳会議の場で、ロヒンギャへのミャンマーの対応に厳しい発言をしてきた。ロヒンギャ迫害への見解も聞いてみた。

ミャンマーはロヒンギャ迫害に関し、自国内で扱うべき問題だとの立場を取っている。マハティールは「国内問題だというなら、（ロヒンギャを）国民として受け入れるべきだ」とミャンマーの姿勢を批判した。

国際社会の対応についても不満を漏らした。欧米による植民地支配や独立運動の時代を経験し、東南アジアの現代史の生き証人ともいえるマハティールは、カンボジアのポル・ポト政権を引き合いに出した。

一九七〇年代後半、極端な共産主義を掲げるポル・ポト政権下で、虐殺や強制労働のために、カンボジア国民の四分の一に当たる一七〇万人が犠牲になったとされる。マハティールは言う。「当時、カンボジアの市民を助けるために各国は何もせず、座っていた。同じことがミャンマーでも起きている」

マレーシアがロヒンギャの避難先になっている現状に対して、寛容な考え方を持っているのかと思ったら、少し違った。「ベトナム戦争のとき、我々は多くの難民を受け入れた。ロヒンギャでも同様だ。彼らを移民として扱うのには、多額の費用がかかる。ある程度はできる。だが、人数がとても多くなっている。我々はこれ以上受け入れられない。他の国々も負担を背負うべきだ」

ベトナム戦争やポル・ポト派の政権獲得の背景には、欧米の植民地支配から独立を模索するなかでの共産主義の伸長や、それに伴う資本主義陣営との対立がある。ベトナム戦争は典型的な両陣営の代理戦争だった。

東南アジアは長い間、大国間の抗争の舞台になり、人々は翻弄されてきた。

今回のミャンマーのクーデターも、国際的な駆け引きの狭間に陥り、市民の犠牲ばかり増えつづけるとしたら、世界の各国は忌まわしい歴史の教訓から学んでいないことになってしまう。

2 独立国「ワ」

†舗装された道

中国・チベット高原に源を発し、雲南省を経た後、ミャンマー東部を南に貫いて、アンダマン海に注ぐサルウィン川。全長約二八〇〇キロの川の周囲には平野が少なく、その流れの速さから中国では「怒江」と呼ばれる。

川岸近くに設置された検問所のそばで、少し緊張を覚えた。

二〇一九年四月一五日、筆者はミャンマー人の報道関係者ら六人とワゴン車に相乗りし、同国東部シャン州の「ワ自治管区」に向かっていた。

ワ自治管区にはその名の通り、少数民族ワが暮らす。ワは中国南部雲南省から麻薬密造地帯「黄金の三角地帯（ゴールデン・トライアングル）」に属するミャンマー東部シャン州の山岳地にかけて暮らす少数民族だ。古くは首狩りの風習を持っていた。ミャンマー政府が公認する一三五の少数民族の一つで、八つの主要グループのうち「シャン」に含まれている。

ワ自治管区は、州の下の行政区画なのだが、ミャンマーの少数民族武装勢力で最大の兵力を擁する「ワ州連合軍（ＵＷＳＡ）」が支配し、中央政府や国軍が自由に立ち入れない事実上の独立国になっている。

ＵＷＳＡによると、自治管区の人口は六〇万人、面積は一万平方キロ超。中東のレバノンやカリブ海のジャマイカと同じくらいの広さを持つ。

二日後の四月一七日、自治管区では、ワと中央政府との個別和平三〇周年を祝う式典が予定されていた。自治管区側が国内の報道関係者らに出した招待状が、筆者の勤務先のミャンマー人助手にも届いていた。閉ざされたワを自分の目で見るまたとないチャンス、と取材申請のリストに入れてもらっていた。

自治管区からは取材許可が出ていたが、中央政府側がすんなり認めるかどうかわからない。サルウィン川は自治管区の境界になっている。州北部の中心都市ラショーから休憩を挟みつつ車で六時間。検問所はその手前にあった。

「君は外国人だから目立つ。しゃべらず、じっとしていてくれ」。同乗者に言われて車内で静かにしていると、検問所で自治管区が出した証明書類を手にやり取りしていた一人が戻ってきて微笑んだ。「よし、オッケーだ」

めまぐるしく動く土色の川面に架かった鉄橋を越え、自治管区に足を踏み入れた。後で聞くと、境界を越えるのを認められなかった外国人もいたらしい。ミャンマー人に紛れていたのがよかったのか。

道はカーブしながら急な角度で上っていく。一時間ほどして、眺めの良い高台に着いた。見張り塔のほか平屋の建物が五棟ほどある。ワ側の検問所のようで、この日は来訪者の歓迎用にも使われていた。

小屋で竹筒に注いだ白濁した飲み物をふるまわれた。口にすると酸味とわずかな甘みが広がる。どぶろくに似ている。

広場では、主に民族衣装を着た五〇人以上の男女が、二重に円をつくっていた。男性はワの象徴である水牛の角の絵柄を胸や背中に添えた赤いベスト型、女性は幾何学模様を腰や足下にあしらった青地のスカート型の衣装が多い。

スピーカーから民謡調の音楽が流れ、踊り出す。一〇代だろうか、軍服に身を包み、あどけなさの残る少女らも輪に加わっていた。

ワの検問所を離れ、自治管区の中心都市パンサンまで車でさらに三時間。途中でふと気づいた。

道がいい。アスファルトで平らに整えられた片側一車線の道路が続く。サルウィン川に至るまでの、ところどころ穴が空いた道とは格段に違う。地元メディアによると、式典に合わせ、中国の企業が整備したのだという。

隣の大国の影は、自治管区の中心部に行くにつれて、色濃くなっていく。

†和平三〇周年祝典

一九年四月一七日、ワ自治管区の中心都市パンサンの競技場は、軍服と鮮やかな民族衣装の人々で朝からあふれ返っていた。政府との個別和平三〇周年を祝う「ワ州連合軍（UWSA）」の式典だ。

計七〇〇〇人以上の兵士らが部隊ごとに、機関銃やロケットランチャーを携え行進する。顔に迷彩色のペイントを施し、全身に模造の雑草を付けた密林戦用の部隊や、女性だけで

ミャンマー東部ワ自治管区のパンサンで、和平30周年の式典で整列するワ州連合軍（UWSA）の女性兵士ら（2019年4月、北川成史撮影）

編成された部隊もある。対空、対戦車兵器や無人小型飛行機も列に連なり、軍備を誇示した。

「「ワ州」の発展と強さを顧みて祝う」。式典の演説でUWSAトップのパオ・ユーチャンは何度も「ワ州」と繰り返した。ミャンマーには主要な少数民族グループの区分けに従って七つの州がある。ワも同様に一つの州が与えられるべきだとの主張だ。

「政府が自治州の地位を与えるまで、命をかけて戦う」とパオは強調した。だが、州への格上げは、連邦議会で七五％を超える賛成が必要な憲法改正を伴うため、実現性は低い。

演説には民族意識高揚の狙いが透ける。

来賓として、カレンやカヤなど他の少数民

族の代表者のほか、中国外務省の孫国祥アジア問題特使も招かれていた。パオと肩を並べて壇上に座り、ワの兵士たちの行進を見つめていた。

ワの武装勢力はかつて、ミャンマー独立直後から政府と内戦を続けたビルマ共産党（CPB）に加わっていた。中国はCPBを支援していたが、一九八九年の天安門事件で欧米との関係が悪化。八八年に広がったスーチーらを指導者とする民主化運動を弾圧し、同様に孤立の恐れに直面していたミャンマーの軍事政権に接近し、CPBへの支援を止めた。中国の援助をなくしたCPBは、民族別に分裂した。

そのうちの一つが八九年に結成されたUWSAだ。ミャンマー軍政はUWSAとすぐに個別の和平を結び、自治権を認めた。国軍は民主化運動を弾圧し、政権を掌握していたが、民主化勢力と少数民族の団結を警戒していた。

軍政が採用したのは、自国を植民地にした英国さながら、民族によって扱いに差をつける「分割統治」だった。その統治手法は、矛盾の種となった。自治管区という地位を与えられて優遇されたワは、地理的に隣接し、同族も住む中国と関係を深め、自治管区外と隔絶した立法、行政、司法を構築する。町には「ワ警察」のパトカーが走る。式典の祝宴では、水牛のロゴ入りのデザインで、和平三〇周年を記念するワ限定の缶ビールも出回って

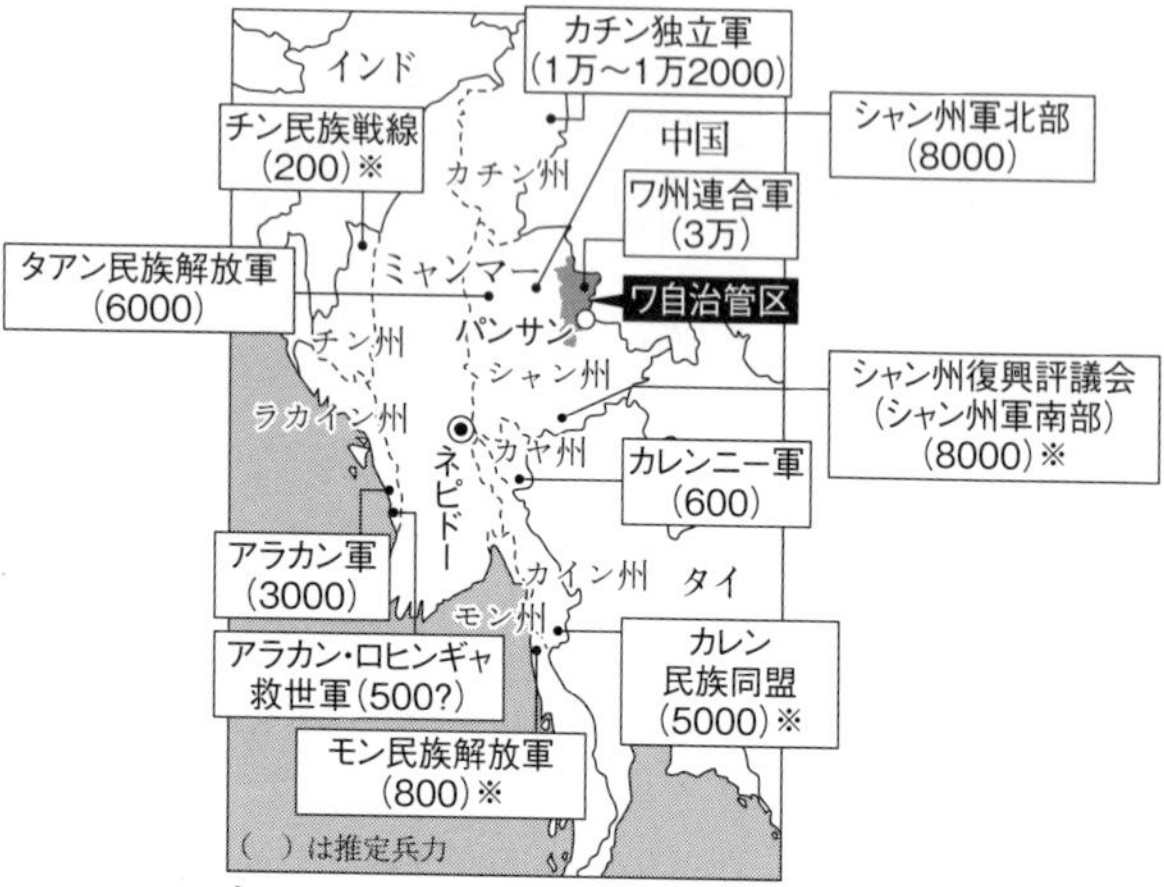

ミャンマー・ピース・モニターの調査などから
※は全土停戦協定に署名済み

主な少数民族武装勢力の所在地

いた。

　ＵＷＳＡの推定兵力は三万人で、予備役が三万人いる。ミャンマーでは、兵力数百人という少数民族武装勢力もある。ＵＷＳＡに次ぐ規模であるカチン人の武装勢力「カチン独立軍（ＫＩＡ）」の推定兵力は一万〜一万二〇〇〇人。そうしたなかで、ワは飛び抜けた「軍事国家」だ。中国の技術者の指導を受けて兵器を生産し、他の武装勢力にも売却しているといわれる。

　冒頭の式典では、クーデター前の当時、政権を運営していたアウンサンスーチー国家顧問のメッセージも代読された。祝意を示しつつ「緊張を和らげ、安定を保つには「全土停戦協定（NCA）」への署名が不可欠だ」と求めた。

†国内に割拠する少数民族武装勢力

スーチーの求めたNCAは、各武装勢力と政治対話を前提に結ぼうとする共通の停戦協定で、少数民族の全国的な武装解除を目指している。

テインセイン政権時代に交渉が始まり、主要な約二〇の勢力のうち、カレン人の「カレン民族同盟（KNU）」、シャン人の「シャン州復興評議会（RCSS）」など八勢力が同政権時代に協定に署名。NLD政権時代には「モン民族解放軍（MNLA）」など二勢力が加わったが、全体の半分にとどまっている。UWSAやKIAという推定兵力規模で一位と二位の勢力も未署名だ。

ミャンマーは約五四〇〇万人の人口のうち、約七〇％がビルマ人で、残り約三〇％を多様な少数民族が占める。

英国がミャンマーを植民地にした時代、少数民族居住地域に自治を認める一方で、ビルマ人居住地域を直接支配する「分割統治」を導入した。独立に際しては、アウンサンが連邦制を約束した「パンロン協定」に一部の少数民族しか参加せず、直後にアウンサンが暗殺された歴史を今も引きずる。

　独立後も、当初はカレン人やラカイン人には「州」が与えられなかったり、ロヒンギャは先住民族として認められなかったり、民族によって扱いが不平等だった。

　このため、独立直後から、不満を持つ少数民族を中心に、武装勢力が形成されて割拠し、中央政府に対する内戦が展開された。

　ビルマ人中心の中央集権体制が色濃くなるネウィン政権時代、国軍による少数民族武装勢力への攻撃は強まり、両者の対立は深まった。同一民族内の分断を図る作戦もなされた。八八年に成立した軍事政権は、民主化勢力と少数民族との連携を警戒し、個別の停戦協定締結を進めた。ところが、こうした個別の協定の多くが、きちんと書面化されなかったといい、ワのように広い自治が認められる地域もあるなど、民族による格差は消えなかった。二〇〇八年制定の現行憲法では、ワ自治管区の他に同じような「自治区」が設定され、コーカンなど五民族に与えられた。コーカンの武装勢力もワと同様、CPBからの分裂組である。

　民政移管後のテインセイン政権は、国内和平を最重要課題に挙げ、全土での停戦を目指した。スーチー率いるNLD政権も同様に最重要視し、アウンサン時代のパンロンでの会議にちなんで、政府と少数民族が和平について話し合う「二一世紀のパンロン会議」を始めた。

だが、長年、抑圧を続けてきた国軍に対する少数民族側の不信感は強く、武装解除への抵抗感や政治対話後に得られる自治の範囲も見えないことから和平協議は難航していた。ワの場合、NCAに署名しなくても、すでに自治が得られているという事情もある。

記念式典翌日の記者会見で、UWSA幹部は「中央政府と戦う気はないが、我々は自分たちを守るために軍隊を保持する。歴史的に見て、軍隊を持たない少数民族は常に攻撃を受ける。中央政府が軍隊を国軍だけにしようとするので、我々はNCAに署名しない」と主張した。

クーデター後、NCAに署名済みの一〇勢力は国軍を非難し、和平交渉の打ち切りを表明。民主派のCRPH（連邦議会代表委員会）が発足させた挙国一致政府（NUG）への支持を明らかにした。

国軍はNCAに署名済みのKNUを含め、民主派の市民をかくまうなど抗議活動を支援していると判断した武装勢力に対し、空爆を含めた攻撃を加えている。

民主派のなかには、少数民族武装勢力が結集した「連邦軍」の創設を願う声がある。ただ、これまで少数民族間での紛争もあり、一枚岩になりづらい。仮にすべての武装勢力を集めても兵力は一〇万人程度。約四〇万人を擁する国軍とは、兵力や武装で格段の差が存在する。ゲリラ戦で局所的に勝てても、国軍を制圧するのは難しい。

UWSAは今のところ、クーデターに対して明確な態度を示していない。国軍のほうも、UWSAとは全面対立したくないのが本音だろう。UWSAの背後にいる中国は、クーデターで欧米から非難を浴びるなか、自分たちの後ろ盾としても重要だ。

クーデターは民政移管後の和平に向けた取り組みを打ち壊すとともに、少数民族を取り巻く情勢を一層複雑にしている。

†「中国は兄弟だ」

ワ自治管区にやって来て、思わぬ難題に出くわした。ミャンマー語が通じない。勤務先のミャンマー人助手を通訳としてヤンゴンから連れてきたが、町中でインタビューするのもひと苦労なのだ。

ワ人は独自のワ語を持つ。ミャンマー語がチベット・ミャンマー語派に属するのに対し、ワ語はモン・クメール語派に含まれる。

ミャンマー東部ワ自治管区のパンサンで、中国語を使った看板が溢れる中心街（2019年4月、北川成史撮影）

取材相手がミャンマー語を理解しない場合、ミャンマー語を話せる別のワ人を近くで見つけ、ワ語からミャンマー語に訳してもらい、それを助手が英語に訳して筆者に伝える。何とも手間がかかる。

一方、ワ人の間では中国語の併用が進んでいて、ミャンマー語よりも、中国語のほうが圧倒的に通じる。また、ワ語は固有の文字を持たないため、中国語などで書き表す。従って、パンサンでは、レストランも衣料品店も風俗店も、看板には中国語が溢れている。中国語表記だとワ州は「佤邦」、UWSAの指導者パオ・ユーチャンは「鮑有祥」となる。

漢字ならある程度、意味がわかる場合もある。「医院」という中国語の表示が見えたので、「ああ、ここはどうやら病院だね」と言ったら、漢字には疎いミャンマー人助手に「よくわかるねえ」と感心されてしまった。

通貨はミャンマーのチャットではなく、人民元が使われている。どの国にいるのだかわからなくなる。通貨については事前に聞いていたので、出張時、タイのバンコクで多めに両替して、人民元を得た。使い切らなかった数万円分が今も手元に残っている。

夜、パンサンの中心街を歩くと、「黄金会」と中国語で店名が掲げられたビルがひときわ目についた。

中に入ると、ポーカーやブラックジャックのテーブルが五〇台以上。巨大なカジノだった。客は少なくとも、五〇〇人以上いるだろう。紫煙が立ちこめ、人民元の紙幣が飛び交う。

駐車場には隣接する中国雲南省ナンバーの車が目に付く。地元住民に加え、カジノが禁止されている中国からの客がカネを落としていた。

ミャンマー国内からすら訪れるのが至難の業で、大半の外国人にとって「秘境」のワ自治管区だが、中国人には敷居を下げている。

食堂を営む女性、鄧桂華（五三）は一八年一二月、中国南部貴州省から姉と移住した。

わずか二〇〇〇元（約三万四〇〇〇円）で、自治管区当局から無期限の在留許可を得たと話す。店の売り上げは多いときで月一万元以上。すでに取得経費の元は取っている。

店の経営の傍ら、中国人が出資して自治管区で稼働する鉱山会社から鉱石を買い、海外に売って稼ぐという。「食べ物も言葉も中国のよう。暮らしやすい」と笑う。

UWSAが一九八九年、ミャンマー政府と個別に和平を結び、戦火が収まるに従って、中国からワ自治管区への投資が加速した。鉱山や天然ゴムのプランテーション開発、建設事業などに資金が流入した。

パンサンに視覚障害者用のブロックを備えた歩道があった。ミャンマー人助手は「ヤンゴンでは見かけない」とつぶやいた。

町は夜中もネオンが輝く。UWSAの元兵士チャン・フォー（六八）は「あばら家ばかりの数十年前と大違いだ」と感慨を漏らす。

UWSA幹部のチャオ・グオ・アンは筆者に「われわれと中国は兄弟だ」と強調し、軍事、経済両面での関係の深さをにじませていた。

中国にとっても広域経済圏構想「一帯一路」において、ワ自治管区のあるシャン州は重要な地域だ。ミャンマー西部ラカイン州のインド洋沿岸にある港町チャオピューから、シャン州を抜けて雲南省まで、中東産の石油やラカイン州沖で生産された天然ガスを送るパイプラインが稼働している。

ワ自治管区が中国と蜜月を続け、中央政府と隔絶した統治機構をつくったうえに、「州」への格上げを求める現状に対し、他民族の反発や警戒感は強い。

「ワだけ特別扱いすれば、納得しない民族が出る」。ワ自治管区の西方、シャン州北部の中心都市ラショーの運転手キンゾー（五四）は顔をしかめる。

父がシャン人で母がカレン人。ミャンマーの民族構成の複雑さを実感している。「旧ユーゴスラビアのような混乱と分裂は起きてほしくない」と融和を願った。

†祝賀ムードの裏側

和平記念式典が開かれた競技場のそばでたたずむ男性兵士（五六）と会った。UWSAの前身のビルマ共産党（CPB）時代、一四歳で徴兵され、政府との内戦に身を投じた。八九年のCPB崩壊後も他の武装勢力との戦闘に参加した。「背中を二度、ひざを一度撃たれた。失った友人は数え切れない」。傷痕を見せ、つぶやいた。

祝賀ムードには影があった。

私立小学校の教諭サイ・アウン（三二）も一五歳から三年間徴兵された。兄弟五人のうち二人は兵役に就くよう求められたという。

サイの両親は、アヘンの材料になるケシを栽培していた。「仲介人に買いたたかれ、貧しかった」と振り返る。

ワ自治管区は、世界最大の麻薬密造地帯「ゴールデン・トライアングル」に含まれる。アヘン取引はUWSAを強大にし、一部幹部を潤す一方、国際的非難を浴びた。リーダーのパオ・ユーチャンは式典の演説で「最も誇らしい成果の一つ」として、ケシ栽培の排除を挙げる。確かに、国連薬物犯罪事務所（UNODC）の調査によると、二〇〇〇年代以降、ケシ栽培は激減したが、薬物とのつながりの疑いは消えていない。

シンクタンク「国際危機グループ」は一九年一月の報告書で、一九九〇年代末以降、UWSAの支配地でアヘンに代わり、中国からの化学原料による覚醒剤製造が活発化したと指摘する。

こうした覚醒剤の一部は、国内を西に運ばれ、ラカイン州から国境を越えてバングラデシュ南東部に渡り、拡散している。ラカイン州からバングラデシュへの密輸について、UNODCの担当者は「目先の現金を得たいロヒンギャ難民が「運び屋」として利用されている」と懸念を表す。

ＵＷＳＡの式典会場には軍服姿の若者が目立った。女性も多い。

その一人レ・アン・アン（二三）は「農業をしている親を楽にするため約一〇年前に入隊した」と語る。ＵＷＳＡでは衣食住が保障され、金銭支援とある程度の教育を受けられるという。

ワ自治管区では高等教育が整備されていない。中国の高校に行くケースもあるが、裕福な家庭に限られる。低所得層が兵力を支えている実態が透けて見える。

国軍の統治が続いたミャンマーでは、二〇一五年の総選挙でスーチーが率いるＮＬＤが勝利し、半世紀ぶりの文民政権が成立した。だがワ自治管区では大半で、安全上の理由から選挙は中止。民主化の流れから外れ、事実上、ＵＷＳＡの政治部門「ワ州連合党」の一党支配下にある。二〇年の総選挙も同様の理由で、実施されなかった。

スーチーをどう思うか。ワの警察官アチョーン（三二）は質問に困惑した。

「名前は聞いたことがあるが、よく知らない」

3 タイ国境の両側

†「タイ」と名乗る人々

二〇一九年一一月二五日、タイ北部のメーホンソンから車で約二時間半。途中から未舗装の山道を走り、タイ側の検問所を過ぎるとすぐ、尾根に沿ったこぢんまりした集落に着いた。

見る限りのどかな山村が、ミャンマー東部シャン州南部の少数民族武装勢力「シャン州復興評議会（RCSS）」の本拠地ロイタイレンだった。

シャン州の面積はミャンマーの州・管区で最大の一五万六〇〇〇平方キロで、国土の四分の一近くを占める。韓国の一・五倍を超える広さに相当する。ロイタイレンは同じシャン州のワ自治管区から南方に離れた、タイとの際にある。

地球儀ソフト「グーグルアース」で見る限り、ロイタイレンの町の一部はタイ領内にま

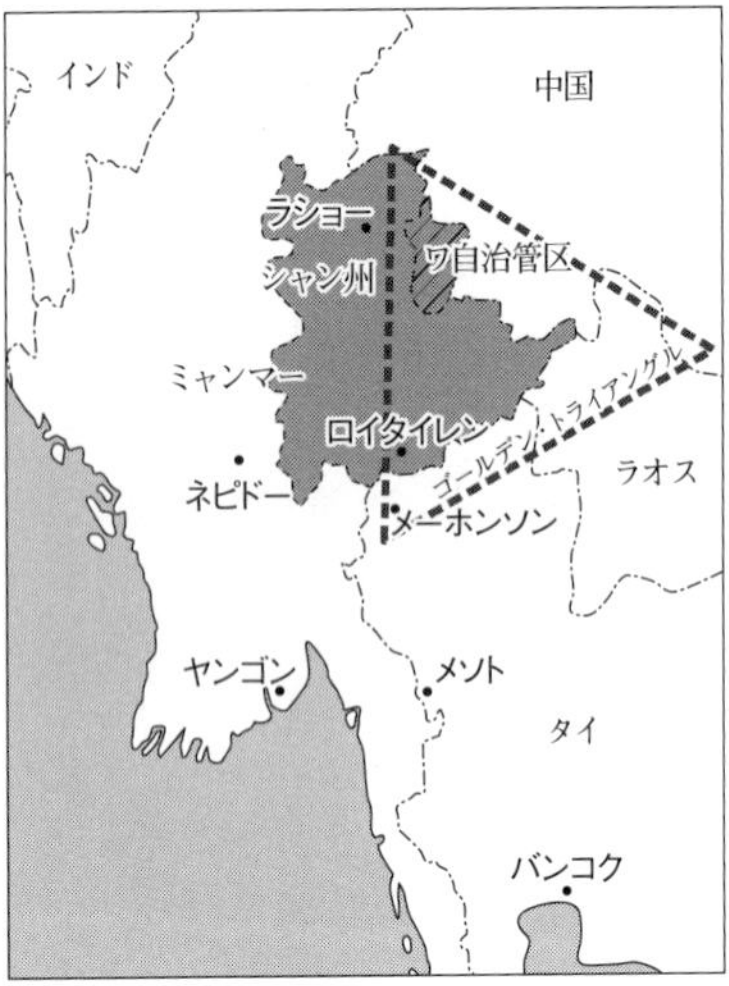

たがっている。ミャンマー政府の支配が及ばず、国境は厳格に守られていない。

シャン人の伝統暦の正月が二日後の二七日に近づいていた。普段は外国人が自由に入れないロイタイレンに、筆者はシャン人の正月に合わせ、RCSSから訪問を認められた。

RCSSは、ミャンマー政府が公認している先住民族のリストで、八つの主要グループのうち「シャン」に属するシャン人の武装勢力である。

ミャンマー語で「シャン」と呼ばれる彼らは、自らを「タイ」と名乗る。その名が示す通り、シャン人は隣国タイのタイ人と同系の民族にあたる。シャン語とタイ語は使う文字は違うが、似た発音の単語も多く、共通性がある。タイ人と同様、仏教徒が主流を占める。シャン人は、タイ人からは「タイヤイ」と呼ばれる。シャン人の同系民族は中国にもいて、シャン人はその人々を「ダイ」と呼んでいる。ミャンマーの少数民族の呼び名は、自称や他称が混在し、把握するのがとても難しい。

ロイタイレンの目抜き通りは、対向する車が片側一台ずつすれ違える程度の幅の尾根を伝う道だ。民族衣装や玩具、焼き鳥の露店が並び、正月ムードが漂う。ワ自治管区の通貨はミャンマーのチャットでなく、中国の人民元だったが、ここではタイのバーツになる。ビールもミャンマーを席巻していた「ミャンマービール」ではなく、タイの「チャーン」が売られていた。

ミャンマー東部シャン州ロイタイレンの目抜き通りにある店で、商品のシャン州の旗を手に取る少年（2019年11月、北川成史撮影）

ホテル代わりにRCSS将校の家を案内された。部屋の壁には、タイのプミポン前国王（ラマ九世）の写真が掲げられている。プミポン前国王は一九四六年から七〇年間在位し、農村開発や少数民族支援の王室プロジェクトなどでタイ国民の敬愛を集め、二〇一六年に死去した。RCSS将校は「同じ民族の王様だ」と同系のタイへの親しみを表した。

ロイタイレンではRCSSが運営する高校を見学する時間があった。ビルマ人の王朝や英国植民地だった時代にも、シャン人の藩王(諸侯、日本的にいえば大名)たちがずっと地域を治めていたと伝える、シャン州の歴史の教科書を紹介された。民族意識を高める教育が、山間の学校にあった。

†アヘン栽培の悪名

RCSSは推定八〇〇〇人以上の兵力を持つ。推定兵力三万人の「ワ州連合軍(UWSA)」には及ばないものの、ミャンマーの少数民族武装勢力のなかでは比較的大きな部類に入る。シャン州中部を拠点とするシャン人の別の武装勢力「シャン州軍北部」と区別し、「シャン州軍南部」とも呼ばれる。

シャン州を含むミャンマーとタイ、ラオスの国境地帯はゴールデン・トライアングルに当たる。山がちで貧しいシャン州は、ゴールデン・トライアングルのなかでも、アヘンの原料となるケシの主要栽培地だ。前述のワ自治管区やRCSSの支配地域は、悪名高い代表例だった。

ＲＣＳＳは「麻薬王」と呼ばれたクンサ元司令官（故人）が率いた武装勢力「モン・タイ軍」を母体とする。一九九六年、元司令官は政府に投降したが、不満を持つ一部がＲＣＳＳをつくり、シャン人の自治権拡大を求めて内戦を続けた。

ＲＣＳＳは政府との交渉に応じ、二〇一五年、他の七つの少数民族武装勢力とともに全土停戦協定（ＮＣＡ）に署名したが、国の実権を握る多数派民族ビルマ人との距離感は微妙だ。

ミャンマー独立の英雄に位置付けられるビルマ人の故アウンサン将軍や、その娘のスーチーの肖像は、ロイタイレンで見かけなかった。

一方で、ゴールデン・トライアングルらしい施設があった。ロイタイレンの〝目抜き通り〟近くに設置された、「アヘンの歴史博物館」。ＲＣＳＳがいかに麻薬撲滅に取り組んできたかについて、摘発の様子を撮った写真を展示してアピールしている。娯楽が少ないせいか、結構賑わっていた。

ＵＮＯＤＣ（国連薬物犯罪事務所）は報告書で地図を示し、ＲＣＳＳなど武装勢力の支配地でケシの栽培が続いていると懸念を表している。ＲＣＳＳ幹部は「地図上の武装勢力の支配地は、実際と違う」として、麻薬から手を切ったと反論する。

RCSSの閲兵式（2019年11月、北川成史撮影）

ただ、ロイタイレン訪問前に会ったシャン州南部の住民は「州内でコーヒーなどの代替作物導入の試みもあるが、ケシと価格差が大きく定着が難しい」と話し、最近撮影したという一面に白い花を咲かせたケシ畑の写真をスマホで示した。

内戦がもたらした閉鎖的環境は子どもたちにも悪影響を与える。町には高校まではあるが、大学はない。

ＲＣＳＳの将校は「一八～四五歳の男性に五年間の兵役義務がある」と説明するが、ＲＣＳＳは子ども兵士がいる武装勢力の一つとして、国連作成のリストに挙がっている。

正月前日の二六日、ＲＣＳＳは非政府組織（ＮＧＯ）「ジュネーブ・コール」（本部スイス・

ジュネーブ）と、子ども兵士の禁止を含め、紛争から子どもを守る取り組みを協力して進める文書を交わした。RCSSと同NGOとの会合はフルオープンで取材できた。

翌日、RCSSが兵士らを集め、広場で開催した正月の閲兵式では、壇上に指導者のヨードセルク議長とともに、ジュネーブ・コールのメンバーらが来賓として座った。

筆者の訪問を受け入れたのは、子ども兵士禁止への取り組みを宣伝する目的もあったようだ。

†難航する和平プロセス

RCSSはマイナスイメージからの脱却に躍起だが、根本的解決には平和が欠かせない。だが、全土停戦協定（NCA）に署名したのは約二〇ある少数民族武装勢力のうち、RCSSを含めて一〇勢力にとどまる。

ロイタイレンの本部で、RCSSのヨードセルクは筆者に、NCA締結が難航する理由について「国軍に原因がある」と強調した。「国軍は今も（一部の）武装勢力を攻撃している。われわれとの交渉の際は、どんなときでも優位に立とうとする」

NCA署名後の和平プロセスを決定する協議で、停戦監視や武装解除など具体的な議論

筆者のインタビューに答えるRCSSのヨードセルク議長（2019年11月、北川成史撮影）

のペースの遅さから、ＲＣＳＳと「カレン民族同盟（ＫＮＵ）」は一八年、正式な会議への参加を中断した。

ヨードセルクは、ＮＬＤ政権と国軍、あるいはスーチーとミンアウンフライン総司令官の間の隔絶も問題視する。

ＲＣＳＳは一九年一〇月、首都ネピドーで開かれたＮＣＡ四周年の式典に陸路で向かう途中、国軍から安全を確保できないという理由で止められた。結果的に、式典に参加できなかった。

ヨードセルクはこう主張した。「移動経路は事前に政府と国軍に知らせていた。（スーチー率いる）政府と国軍の意思疎通が取れていない。ミンアウンフラインは、式典を催すスーチーに恥をかかせようとした」

ヨードセルクが感じていた、スーチー率いる政権とミンアウンフラインがトップに立つ国軍の溝は、一年余りたち、クーデターという形で浮き彫りになった。

RCSSはKNUなどとともに、NCA署名一〇勢力でクーデターを非難し、和平交渉の打ち切りや民主派の挙国一致政府（NUG）への支持を表明した。

ヨードセルクが筆者に見せた不満げな表情が頭に浮かんだ。

†アウンサン将軍像をめぐって

シャン州の南隣に位置し、タイと接するミャンマー東部カヤ（カレンニー）州。面積はシャン州がミャンマーの州・管区で最大なのに対し、カヤ州は一割に満たない一万二〇〇〇平方キロ弱で、最も小さい。ワ自治管区ほどの大きさだ。

カヤ州は、ミャンマー政府の少数民族リストで、主要八グループのうち「カヤ」に属するカヤ人やカヤン人などが暮らす。カヤン人は女性が真鍮の首輪を幾重にも着ける独特の習慣でも知られる。第二次世界大戦後、日本の戦後賠償はミャンマーを皮切りに実施された。州内には賠償金で建設されたバルーチャン水力発電所がある。

このカヤ州の州都ロイコーで一八年、スーチーの父・故アウンサン将軍の銅像建設計画が明るみに出ると、反対運動が沸き起こった。

「アウンサン将軍は私たちの指導者ではない。銅像は多数派のビルマ人が歴史観を植え付ける狙いではないか」。建設に反対する地元若者グループのムアンジェラ（二九）は疑念を抱く。

不信感の背景に、カヤ州を巡る歴史が横たわる。英国はミャンマーを植民地化した際、ビルマ人地域は直接支配したが、カヤやシャン、カチン州といった少数民族地域には藩王の統治を認め、間接支配した。「分割統治」である。つまり、カヤ州の少数民族は事実上独立しており、アウンサン将軍によって解放されたわけではないという主張だ。

反発に対し、当局は強硬姿勢をとった。一九年二月、反対派のデモに警察がゴム弾を発射し、約二〇人が負傷。同年六月には、建設を主導するNLDの州首相を批判した活動家六人が、市民のプライバシーと安全を守る法律違反容疑で逮捕され、その後、懲役六カ月の実刑判決を受けた。

筆者が同年一一月に訪れたときには、ロイコー中心部近くの公園に、馬にまたがる金色のアウンサン将軍の銅像が立っていた。公園の門は閉ざされ、敷地内で銃を携えた警察官が目を光らせている。住民らによると、同年二月の銅像完成式典後、立ち入り禁止だという。

少数民族政党「カヤン民族党（KNP）」のクンベドゥ議長（三五）は「NLDは常にス

ーチーとアウンサン将軍のイメージを利用して支持拡大を図ろうとするが、大きな間違いだ」と批判する。クンベドゥの憤りなどあずかり知らぬかのように、NLD政権は二〇年一月四日の独立記念日には、アウンサンの肖像入りの紙幣の発行を始めている。

カヤ人の武装勢力カレンニー軍(KA)を持つ「カレンニー民族進歩党(KNPP)」の窓口役クーニーレー(三五)は「銅像問題は和平対話を妨げる」と警告。KNPPはNCAに署名していない。

アウンサン将軍の銅像建設を巡っては、別の少数民族が住む西部チン州や北部カチン州でも反対運動が起きている。

一九年一一月、筆者はカヤ州と前後して、カチン州も訪れた。州都ミッチーナの中心部にあるこぢんまりとした公園に、アウンサン将軍の銅像がすでに建っていた。銅像を見物する人はいない。ひっそりした公園の芝生の上で、二組の男女が傘を開いて座り、その陰でいい雰囲気になっていた。

ミッチーナには広々として、地元で有名な「マナウ公園」がある。「カチン」のグループに属する少数民族の祭礼が開かれる重要な場所だ。

その一角に設置されたある銅像の前で、来園者が記念撮影を楽しんでいた。

右／ミャンマー東部カヤ州のロイコーで、公園に造られたアウンサン将軍像。建設反対運動のため立入禁止になり、警察官が警戒していた
左／ミャンマー北部カチン州のミッチーナに立つアウンランサンの像。記念撮影スポットになっていた（ともに2019年11月、北川成史撮影）

二本のチャンピオンベルトをたくましい肩から提げた姿。国際的な総合格闘技「ONE」で二階級を制覇したカチン人のアウンランサン選手の銅像だった。ミャンマーでは試合のテレビ中継に興奮し、心臓発作で死者が出るほど、絶大な人気を誇る選手だ。

二一年二月一日のクーデター後、アウンランサンはフェイスブックで、自身のおじ二人が国軍とカチン人武装勢力の内戦のなかで国軍に殺された過去を明かし、反クーデターの立場を強調している（ただし、すぐに反応を見せなかったとして不興を買ったようだが）。

アウンサンとアウンランサン。二人の

〝英雄〟の銅像を取り巻く雰囲気の差は、少数民族が多数派民族のビルマ人に抱く恨みに似た負の感情と、少数民族の心中への配慮が欠けたビルマ人側の鈍感さを表しているようだった。

†忘れられた難民

タイ側の国境地帯には、ミャンマーの内戦や軍事政権時代の弾圧から逃れた少数民族の難民がいる。主に国境を接するミャンマー東部のカイン（カレン）州やカヤ州から来た人たちだ。

難民流出は数十年前に始まり、一六年にはスーチー率いるNLDの文民政権が成立したものの、山あいに点在する九カ所のキャンプに、二一年四月現在も計九万人以上が居住する。八割をカレン人らが占め、一割弱がカヤ人らになっている。

「忘れられた難民」。国際NGOの関係者はそう言い表す。避難生活の長期化に伴う関心の低下で、難民らは支援の減少に苦しみながらも、母国での生活に不安を抱き、帰還をためらっている。

一九年一〇月、カイン州と接するタイ西部ターク県メソトから車で約二時間、国境に沿

タイのヌポ・キャンプの学校で、教科書を音読するカレン人難民の少女ら（2019年10月、北川成史撮影）

うよう南東に走り、九つのキャンプの一つ「ウンピアム・キャンプ」に着いた。タイ政府はここ数年、キャンプへの報道関係者の出入りを厳しく制限している。このときは、難民側の団体と交渉し、足を踏み入れる許可を得た。

急な斜面にへばりつくようなキャンプには、カレン人を中心に約一万一〇〇〇人が生活する。竹で壁を組んだ粗末な家が並び、屋根のトタンはさびが目立つ。

決して肯定的にとらえるべき話ではないが、バングラデシュのロヒンギャの難民キャンプには「活気」があった。一七年一〇月に初めて訪れたとき、ロヒンギャが日々、国境を越えてやってきて、人の動きが絶え間なかった。

増加が止まらない難民に対応するため、キャンプ内は住居や道路、トイレ、井戸などの建設ラッシュだった。資材や救援物資の食料を運ぶ国連機関やNGOの車両が、砂埃を上げてキャンプ内外をめまぐるしく行き交っていた。

一八、一九年に訪れたときには難民の流入は一段落していたが、キャンプ内では側溝の整備など、生活環境を改善するための工事が終わる様子はなく、物資を運ぶ車両の大渋滞が続いていた。

それと比べ、カレン人らのキャンプは格段に静かだ。工事はなく、国連機関の車両も見かけない。ロヒンギャのキャンプと同様、難民が営む簡単な商店もあるが、客足は少ない。全般的に、どこか疲弊した空気が漂う。

遠目から見ると、地元民の山村とほとんど見分けがつかない。よく目をこらすと、キャンプには教会がある。カレン人には英国植民地時代に広まったキリスト教の信者が多い。英国が植民地統治で、多数派民族ビルマ人をコントロールするために少数民族を優遇するなか、カレン人は官僚などとして多く登用されていたとされる。

こうした歴史はビルマ人との溝を生んだ。カレン人は「カレン民族同盟（KNU）」を結成し、一九四八年のミャンマー独立直後から反政府武装闘争に突入。ビルマ人中心のミャンマー国軍の圧力は、峻烈になっていった。

六二年にクーデターで独裁体制を築いた国軍のネウィン大将は、カレン人に「フォー・カッツ（Four Cuts）」と呼ばれる戦略を導入した。武装勢力の食料、資金、情報、徴兵の四つの柱を断ち切るという意味が込められ、「四断作戦」とも呼ばれる。

フォー・カッツのもと、KNUを支える村落や村人も攻撃の対象になった。

カレン人女性のゲイカポウ（五五）は二〇〇六年、国軍による掃討作戦で村を焼かれ、タイに逃れた。夫（五四）や一六〜三二歳の子ども、キャンプで生まれた孫ら計一二人で、同じバラックに住む。

国際機関やNGOが、シリアなどの新たな難民の支援に軸足を移すなか、援助の削減に直面している。支援組織からの米の配給は徐々に減少。一九年から、一人あたり月二〇〇バーツ（約七〇〇円）ほどのキャンプ内で使える電子マネーの支給に変わった。就労禁止だが、子どもらは近くの村の畑を日給一五〇バーツ（約五三〇円）で手伝い、生計の足しにする。

生活に厳しさが増すなかでも、母国には帰らないという。

「家を焼かれ、財産を失った。孫はミャンマーを知らない」

†クーデターの影

キャンプの運営を担う自治組織「カレン難民委員会」の男性幹部（六三）は元ゲリラ兵だった。中学校を卒業し、KNUの軍事部門「カレン民族解放軍（KNLA）」に加わった。ジャングルに身を隠し、蛇や山鳥、ウサギなど野生動物を捕って飢えをしのぎながら、軍備で上回る国軍との戦いを続けた。戦闘で多くの仲間を亡くした。

「もっと勉強したかったけれど、自分の家は貧しかった。KNLAに入るしかなかったんだ」。そう自分の青年期を振り返る幹部は、顔を曇らせる。「キャンプの若者の将来が心配でならない」

キャンプ内には高校や短大もあるが、非公式の教育だ。そうした学校も援助の減少で存続の危機に立つ。

ウンピアム・キャンプの南方にある「ヌポ・キャンプ」で若い女性たちに会った。

セイルウェワ（二〇）はキャンプで生まれた。「ここである程度の勉強はできても、四年制の大学はない。キャンプ内では学校や自治組織で働くほかは仕事がなく、無職の若者が多い」と厳しい現実を語る。

ポウヌイデイ（一八）は「外国で英語を勉強して、良い職を得たい」と夢見るが、第三国への定住は受け入れ先に限りがあり、簡単ではない。

国際移住機関（ＩＯＭ）は一七年、キャンプの一つでの自殺率が、世界平均の三倍以上という報告書を発表した。

女性を援助する「カレン女性機構」のカニョーポーは「絶望感が薬物やアルコール依存、女性や子どもへの暴力につながっている」と危惧する。

ウンピアム・キャンプには、ロヒンギャ問題の舞台となったミャンマー西部ラカイン州から、遠路やってきた女性もいた。仏教徒が主体の少数民族ラカイン人のエイチョッラー（五〇）。キャンプで夫（五五）、一一～二五歳の子ども三人と暮らす。義父が民主化運動に関わり、弾圧を恐れて〇七年にタイに逃れた。

ラカイン州では一七年、治安部隊との衝突で、多数のロヒンギャがバングラデシュに避難。一八年の終盤以降は、ラカイン人の武装勢力と国軍の戦闘が激化していた。

エイチョッラーは「スーチー氏は少数民族との和平対話に力を入れると強調するけれど、国軍は戦いを続けている。戻るのは難しい」と訴える。

メソトの北方にある「メラ・キャンプ」も訪れた。

〇六年に住んでいたカイン州の村で国軍とKNUの戦闘があり、タイに逃れた女性テッマー（四四）は、地雷で足を失った人を支援する団体で働いている。テッマーは言う。

「難民のなかでも、障害を持つ人の環境はさらに厳しい。職を得るのはほぼ不可能だ」

一六年、タイとミャンマー両政府の合意に基づき、タイにいる難民の自主帰還事業が始まったが、応じたのは計一〇〇〇人程度。ミャンマー国内では帰還者用の住宅も建設されているものの、課題は多い。

タイに近いカイン州レイケイコー村には、日本の支援で二〇〇戸の住宅が完成していた。カレン人のドワイト（六四）はウンピアム・キャンプから一八年一一月、同村に移住した。山間のキャンプより暖かく、病気がちな妻の体に負担が少ないと思ったのが理由だ。だが「町から離れており、周りに仕事がない」と漏らす。

ミャンマー国内のカレン人の活動をみると、KNUは一九九四年に内部分裂。九五年に本拠地マナプロウが陥落し、弱体化していった。

KNUは二〇一五年にはNCAに署名した。NCAに署名した一〇の少数民族武装勢力のうち、推定兵力五〇〇〇人のKNUは、シャン人のRCSSと並んで規模が大きい。未署名の勢力を和平交渉に取り込む推進力として期待されていた。

だが、今回のクーデターに反対姿勢を打ち出した後、KNUの支配地域は国軍から空爆を含む攻撃を受けている。避難民が発生し、一部はタイとの国境を越え、筆者がRCSSの本拠地ロイタイレンを訪れた際に起点としたメーホンソン付近に来たという。

クーデターは、わずかずつではあるが積み上げてきた和平への歩みを破壊し、新たな難民すら生もうとしている。

第 四 章

狭まる言論

ロヒンギャ難民のキャンプで、ロイター通信の写真を手にし、国軍に虐殺された夫を指さすロヒマ・カトゥン（2019年9月、バングラデシュ南東部コックスバザールにて。北川成史撮影）

1 真実への報復

†インセイン地区裁判所

通気のために天井際に空いた壁の隙間から、スズメが入ってきた。スズメは隙間の一つに作った巣で、せわしなくさえずる。足下を見るとネコがのんびりと毛繕いしている。

厳粛たる法廷での風景だ。

二〇一八年一月二三日、筆者はミャンマーの最大都市ヤンゴンのインセイン地区裁判所にいた。ロヒンギャ迫害の取材を巡り、国家機密法違反罪に問われたロイター通信のミャンマー人記者二人の予審を取材するためだった。予審は検察官が起訴した事件について、公判に付すかどうかを決める手続きで、戦前の日本でも採用されていた。

裁判所の建物は赤れんが造りで古く、くたびれている。天井ははげ、壁はよごれ、床はすりへり、どことなくかび臭い。地元ジャーナリストによると、英国植民地時代だった一〇〇年ほど前に造られたという。

ヤンゴン国際空港（ミンガラドン空港）に近いインセイン地区には、軍事政権時代、スーチーら民主活動家や政治囚を収監し、今回のクーデターでも多数の人が拘束されている悪名高い施設、「インセイン刑務所」がある。

スーチーが率いる国民民主連盟（NLD）政権下にあったこの日、刑務所から一キロもない場所で、国軍の影が疑われる事件の審理が開かれた。

罪に問われたのはロイターのワロン（三二）とチョーソウウー（二七）の両記者。一七年一二月一二日、情報提供の相談があるという面識のない警察官にヤンゴンの飲食店に呼び出されて資料を渡された。店を出た直後、両記者は逮捕された。受け取ったのは極秘資料だとして、検察は国家機密法違反罪を適用した。

両記者は逮捕前、治安部隊が西部ラカイン州インディン村でロヒンギャら一〇人を殺害した事件を取材していた。国軍は掃討作戦での不法行為を認めず、事件は伏せられていた。

両記者の取材成果は一八年二月八日、「Massacre in Myanmar（ミャンマーの大虐殺）」の題名で、首を切られるなどして穴の中で息絶えている一〇人の写真とともに世界に配信され、衝撃を与えた。それに先立つ逮捕は、ミャンマー当局の報道の自由への圧力だとして、国内の報道関係者だけでなく、国連や欧米からも非難が沸き起こった。

予審は報道関係者ら五〇人余りに傍聴が認められたが、席がぎゅう詰めのため、筆者は通路にある何かの機械に座った。

開廷から二時間が過ぎたとき、突然明かりが落ちた。「停電か」。じっとしていると、若い係員が近づいてきて、私が椅子代わりにしていた機械を運んでいった。謎の機械は自家発電機だった。一一年の民政移管後、経済は成長しているものの、まだまだ電力事情が不安定なミャンマーの姿に、法廷で出くわすとは思いも寄らなかった。

肝心の予審は、逮捕の妥当性をただす弁護側の追及に、出廷した警察幹部は真正面から向き合わず、核心をそらした話を続ける。

事件の重さに見合うような雰囲気と中身とは言いがたかった。

†「なぜ、お父さんは帰ってこないの」

予審は一八年四月二〇日、思わぬ展開を見せる。

検察側の証人として出廷した警察のモウヤンナイン警部が「飲食店で警察官が記者に資料を渡し、店外で別の警察官が逮捕するように、上司の警察高官が仕組んだ」と証言したのだ。裏切られた形になった当局は、証言後、モウヤンナインを規律違反による禁錮一年の罪で収監した。

検察側の証人だったモウヤンナインの暴露に、事件は一気にでっち上げの可能性が増す。だが、裁判所は二人を公判に付すと決定。同年九月三日、「国益を害する意図があった」として、二人に禁錮七年の判決を言い渡した。判決文で、モウヤンナインの証言を考慮した様子はなかった。

ワロンは裁判所を去る際、「報道の自由とともに、民主主義への脅迫だ」と怒りの声を上げた。

翌四日、ヤンゴンでワロンとチョーソウウーの妻らが記者会見した。

ワロンの妻パーンイモーン（三六）は八月に長女を出産していた。「夫は何も悪くない。早く帰ってきて」と訴えた。

チョーソウウー夫婦には三歳の娘がいる。妻チッスウィン（二三）は「娘は「なぜ、お父さんは帰ってこないの」と聞く。心に傷を負ってほしくない」と切実な思いを表した。「同じ母親として、残された子どもの気持ちを考えてほしい」。二人の妻は、息子を持つスーチーに、釈放に向けた支援を求めた。

両記者が逮捕されて丸一年近くになる一八年一一月二七日、筆者はヤンゴンで、パーンイモーンとチッスウィンにあらためて会った。

ミャンマーは三審制をとっており、両記者はヤンゴンの高裁に控訴していた。

パーンイモーンは同月二四日、長女テッターエンジェルを連れ、インセイン刑務所を訪れた。ワロンが娘と会うのは二回目。「時がたつのは早い」と成長をかみしめていたという。

チッスウィンは一〇月下旬、長女モーティンウェイザンと家でロウソクをハート形に並べ、夫不在のまま結婚六周年を祝った。ハートの中央には家族の人数分の三本のロウソクを立てた。一一月二六日に刑務所で面会したとき、チョーソウウーは「すぐに釈放されるから」と、励ましの言葉をかけたという。

夫の逮捕後、二人は二度、スーチー宛てに手紙を送った。「夫は無罪です」と釈放への力添えを求めたが、返事はなかった。

逆にスーチーは一部のインタビューで「記者らは法を破ったから逮捕された」と話した。パーンイモーンが一審判決後、「誤解している」と、スーチーの発言に疑問を表したところ、インターネット上で何者からか殺害予告を受けた。

仏教徒が九割のミャンマーで、イスラム教徒のロヒンギャへの警戒心は強い。国軍による迫害を暴いた両記者を快く思わない人たちもいる。妻たちは「夫は記者の仕事をしただけ」と訴えた。

「夫が戻れば家族が再び一緒になれる。理解してくれるはず」。チッスウィンは、軍政時代にあわせて約一五年間、自宅軟禁され、家族と分断されたスーチーへの願いを繰り返した。

筆者の娘はこのとき、四歳になっていた。娘には小さくなった服を数着、家族で住むバンコクから持参していた。二人に渡すと、少し笑顔を見せた。

†一年五カ月の拘束

一九年一月一一日、ヤンゴンの高裁はワロンとチョーソウウーへの禁錮七年の一審判決を支持し、控訴を棄却した。閉廷後の廊下で、釈放を願っていた両記者の妻はすすり泣き、ティッシュで何度も涙を拭った。

両記者は上告した。だが、最高裁は同年四月二三日、禁錮七年とする一、二審判決を支持し、上告を棄却した。判決は確定し、両記者はインセイン刑務所に収監される。

その二週間後の五月七日、両記者はウィンミン大統領の恩赦で釈放された。NLD政権が国内外の批判に耐えられなくなった格好だ。両記者は家族との再会を果たした。

逮捕から釈放まで、身柄を拘束された期間は一年五カ月近くに及んだ。拘束中、両記者はインディン村の報道で、米報道界で最高の名誉とされるピュリツァー賞を受けた。真実を伝える守護者として、米誌タイムの「今年の人」にも選ばれた。だが、こうした栄誉を受けても、ミャンマーでは「犯罪」という認定は変わらない。

両記者の取材でインディン村でのロヒンギャ殺害が公に出た後、国軍は一八年四月、事件に関与したとして、軍事法廷が国軍兵士ら七人に懲役一〇年を言い渡したと発表した。国軍が事実を丸ごと無視するわけにはいかなくなっていた。

ところが、両記者への恩赦後、この国軍兵士ら七人が一年未満で出所していた事実が明らかになった。殺人に関わったにもかかわらず、拘束期間は両記者より短かった。

†虐殺の舞台

両記者が恩赦となる少し前、筆者は虐殺の舞台になったインディン村を訪れる機会があった。

一八年五月二一日から三日間の日程で、ミャンマー政府は外国メディアに対し、ラカイン州のロヒンギャの居住地や帰還した難民用の施設を公開した。

ロヒンギャの武装勢力「アラカン・ロヒンギャ救世軍（ARSA）」と治安部隊の衝突以降、ラカイン州北部には自由に立ち入れなくなっていた。だが、ミャンマーで国営紙発行を含むメディア関係の行政を管轄する情報省は一八年に入り、時折、外国の報道機関から複数社をピックアップして声をかけ、ラカイン州の見学ツアーを開催していた。治安部隊の掃討作戦によるロヒンギャへの人権侵害で、ミャンマーは国際社会から非難を浴びていた。自分たちは情報を隠そうとはしていないと、アピールする政策の一環であるのは明らかだった。

ピックアップの基準は、はっきりしない。一連のツアーの参加社を見る限り、ロヒンギャ迫害を強く非難していた欧米諸国のメディアと比べ、日本や中国、ロシアのメディアが優遇されている印象があった。ロヒンギャ迫害問題で、中国やロシアが国連安全保障理事会での制裁決議に反対するなどしているため、両国はミャンマー寄りと評価されている。

日本政府もミャンマー政府や国軍が嫌う「ロヒンギャ」の呼称を一貫して使わず、国連人権理事会や国連総会第三委員会（人権）での非難決議案の採決を棄権するなど、ミャンマーに強い態度を打ち出していない。ミャンマー政府からの誘いは、日本も「安全牌」とみられている証左なのかも知れない。

とはいえ、こうした機会を生かさなければ、ロヒンギャ迫害が起きた地域を訪れるのは難しい。日本人がもともと、ほとんどいない地域。潜入したとしても目立つので、すぐに通報されて拘束されるだろう。官製ツアーであるのは承知のうえで、参加を決めた。

ツアーは二泊三日。まず、ヤンゴンから国内線でラカイン州の州都シットウェに入る。一泊した後、早朝にボートで川を渡り、その後、四輪駆動車で北上する。計約一〇台に、ドライバーのほか、報道関係者が三人ずつ分乗した。

州北部のバングラデシュ国境まで計約一五〇キロの道中は、大半が未舗装の道だった。車窓から焼け残った柱らしき物を数十カ所で目にした。周囲には手入れされていない農地が広がっている。とても不自然な風景だ。差し掛かるたび、窓を開けて写真を撮ろうとしたが、車が巻き上げる砂埃と振動のため難渋した。

ツアーで訪れる場所はあらかじめ、政府(情報省)が設定していた。インディン村は当初、スケジュールに入っていなかった。だが、北部までのルート上にあるせいか、メディア側の要望を受け、短時間の訪問が許可された。

前年に村で一体何が起きたのか。代表して取材に応じたラカイン人の女性（四五）は「虐殺事件は知らない。ARSAが村を襲い、イスラム教徒たちは自分たちの家を燃やして姿を消した」と言う。国軍も事件を認め、兵士七人に実刑判決が出た後だったが、本当に知らないのか、触れないほうが賢明と思ったのか。

この女性は農地を所有している。「農作業のために雇っていたイスラム教徒も姿を消した。（衝突後は）怖くて働きに出られない」と困惑する様子を見せた。道中の荒れた農地は、作業を担うロヒンギャが多数、バングラデシュに逃れたのが理由だという点については、女性の話からもうかがわれた。

村でロヒンギャが住んでいたとみられる場所が整地され、国境を警備する治安部隊の建物が造られていた。半年余り前に起きた惨劇の記憶を消そうかとしているかのようだった。

†粗雑な官製ツアー

二泊目はラカイン州北部の中心都市マウンドーだった。この地域は人口の大半がロヒンギャだといわれる。

中心都市といっても、高級ホテルが立つヤンゴンとは、桁違いの格差があった。

ミャンマー西部ラカイン州に住むロヒンギャらの集落。武装勢力と治安部隊の衝突後、緊張が高まっていた（2019年1月、北川成史撮影）

宿舎は政府手配のゲストハウスだったので、町では良いほうと思われるが、部屋にエアコンはない。扇風機はあるものの、電力事情が悪く、電気の使用は午後六時〜午前五時半に限られていた。夜間外出禁止令で、午後九時以降は外で涼めない。窓を開ける前提で、ベッドには蚊帳が掛かっていた。

ラカイン州、特に州北部が、国内で最も貧しい地域だという事実が、否応なしにわかる。インフラの質の低さと不安定な治安を何とかしなくては、発展はない。

翌日、約五〇キロ離れたバングラデシュ国境際のタウンピョーレッウェまで四輪駆動車で移動した。

バングラデシュのキャンプから帰還したロ

ヒンギャ難民は、タウンピョーレッウェの受け入れ施設で身元確認され、「National Verification Card（NVC）」という国籍未審査者向け身分証明書を得る。その後、一時滞在用キャンプに移動。最終的に政府が用意した住宅などに移る段取りになっていた。

受け入れ施設では「今すぐに難民が戻ってきても作業ができる」と、担当者たちが胸を張って配置についている。しかし、バングラデシュ領を見やると、この受け入れ施設に通じる道はまだ建設中だ。そもそも両国間で帰還対象者をリストアップする作業も、右往左往していた。

施設近くにはミャンマー領だが柵に囲まれた国境の緩衝地帯があり、治安部隊の掃討作戦から逃れたロヒンギャたちが身を寄せ合っていた。英語を話す男性（五一）に話が聞けた。「NVCは外国人扱いだ。先住民族として国籍がほしい」と言う。NVCについては、取得後の権利に不明瞭さがあり、国籍取得が確約されるわけでもないため、ロヒンギャは不信感を抱いている。

マウンドー郊外で、帰還難民の一時滞在用キャンプも見学した。担当者は「（建設予定の）六二五戸のうち五九七戸が完成した」と強調したが、完成したという住戸でも、電気を引く工事や粗雑な作業の手直しが残っていた。

全般的にツアーの内容は、よく練られておらず、好印象を与えるにはほど遠い。なぜ、わざわざ開催するのか。

翌日の国営紙に、筆者らが参加したツアーを取り上げた記事が掲載された。ご丁寧に、一社ずつ漏らさず、参加社の名前が記されている。ひょっとして、こうして実績を形に残すのが、政府の最大の目的なのでは。そう思わずにはいられなかった。

†刀傷

強い雨が竹組みの屋根を打つ。

一九年九月上旬、バングラデシュはモンスーンと呼ばれる雨期の最中だった。

インディン村の事件について、ロイターの記事の生々しさとラカイン人村民の素っ気ない受け止め方にギャップを感じ、被害者のロヒンギャ側から話を聞きたいと思っていた。

バングラデシュ南東部コックスバザールにある難民キャンプで活動する支援団体に聞いたり、キャンプ内を歩き回ったりして、村から逃れた被害者の妻を見つけた。

密集したバラックの一つに住むロヒマ・カトゥン（三五）。薄暗い屋内にすすり泣きが響いた。「夫は優しく、私を一度も怒ったことがない。なぜこんな目に遭うの。「本当は生きている」と誰か言って」

ロヒマの夫シャケル・アメッド（四五＝当時）を含むロヒンギャ男性一〇人は、一七年九月二日、インディン村で治安部隊に殺害された。

その約一週間前の八月二五日、ラカイン州でロヒンギャの武装勢力ＡＲＳＡが警察施設など三〇カ所以上を襲撃していた。反撃の掃討作戦を展開していた治安部隊が村にも現れた。

兵士らは村のロヒンギャたちを近くの海の浅瀬に立たせた。「おい、おまえ。ちょっと来い」。選ばれた一〇人にシャケルもいた。魚を捕り、村で売って暮らすシャケルは、ＡＲＳＡと関係はなかったという。

「どこへ連れて行くんですか」。引き戻そうとしたロヒマの右腕を兵士は刀で切り付け、血が止めどなく流れた。シャケルは力ずくで連れ去られ、二度と戻らなかった。妊娠七カ月だったロヒマは、八人の子と海岸に残された。家は治安部隊に焼かれ、現金も食べ物もない。漁師に泣きついて船に乗り、バングラデシュに逃れた。

ロヒマの子どもたちは父親の死を受け入れられていない。キャンプで生まれた四男（一）が熱を出したとき、三男（三）がこう励ました。「父さんが帰ってくるからね。すぐよくなるよ」

キャンプで他の家の父親が支援物資を運ぶ姿を見るたび、ロヒマの胸は締め付けられる。

「罪のない家族を殺された私たちの苦しみに見合う刑を兵士らは受けていない。こんな不公平はない」

右腕に残る大きな刀傷。取材中、ロヒマの表情が和らぐ瞬間はなかった。

2 後退する自由

†国営メディアの優遇

出迎えの人だかりなどまるでない空港から、一〇キロ以上離れた市内にタクシーで向かう間、片側四車線の道路が延々と続いていた。

二〇一八年四月二九日、ミャンマーの首都ネピドーを訪れた。タンシュエが率いた軍政時代の〇六年、約三二〇キロ南にある最大都市ヤンゴンに代わり、突然首都になった人工都市だ。二一年のクーデターの際、スーチーらNLD政権の主要メンバーが拘束された場所でもある。

対向車や並走車はほぼ皆無。道路脇にいるのは、草をはむ農業用の牛ぐらいだ。ネピドーは省庁、住宅、ショッピングなど、地区を用途別に分けて開発されている。たとえば、主要なホテルは大きな貯水池の周辺に集まっている。集まっているといっても、一軒一軒が五〇〇メートルくらい離れているのだが。

とりわけ道が広いと、しばしば本や記事で取り上げられる国会議事堂前に足をのばした。驚きを通り越し、馬鹿馬鹿しさすら感じてしまう。計二〇車線ほどある。なのに、通行する車はやはり、ほぼゼロだ。

道が広くて車が少ないならランニングには安全で良いだろうと、朝起きて走ってみたが、快適ではなかった。牛の糞がそこら中に落ちていて、ずっと下を見ていないといけなかった。

「世界一異様な首都」と揶揄する人がいるのもうなずける。

ネピドーは「王の都」を意味するという。道路にしろ、国会議事堂や大統領府といった建物にしろ、何かにつけてでかい。

防衛上の理由で、海に近いヤンゴンから内陸部のネピドーに遷都されたというのが有力な説だが、当時の軍政が権力を誇示する狙いもあったのでは、という思いが湧いてくる。

筆者がネピドーに到着した翌日の四月三〇日、ロヒンギャ迫害を巡り、国連安全保障理事会の代表団が国家顧問兼外相のスーチーと会談する予定だった。

事前の許可は何もなかったが、会談場所になると耳にした外務省に朝一番で行き、「日本から（厳密にいえばバンコクだが）来たんです。冒頭だけでも取材させてもらえませんか」とすがってみた。広報担当者という女性が出てきて、にこやかに突き放された。「国営メディア以外は直接取材できません」。翌日の国営紙には代表団とスーチーが面会したときの写真が掲載されていた。

軍政が終わり、文民政権になったのに、依然、国営メディア優遇は露骨だった。

ミャンマーメディアの状況をみると、国軍出身ながら改革志向があったテインセイン元大統領時代、報道への規制も緩和された。一二年に事前検閲制度が廃止になり、一三年には国営に限っていた日刊紙の発行を民間にも認めた。

ただ、ミャンマーのニュースサイト「イラワジ」によると、テインセイン政権時代の発行解禁で一九の民間日刊紙が誕生したが、ＮＬＤ政権誕生から二年余りたった一八年八月、全国的に発行しているのは七紙のみになっていた。

民間紙にとって強力な圧迫要因になっていたのは、「ザ・ミラー（チェーモン）」「グローバル・ニュー・ライト・オブ・ミャンマー」などの国営紙だった。

国営紙は一部あたり、実際の費用の三分の二程度の価格で売られているとの指摘があり、国営紙の発行にかかる一八年度の赤字は、推計で一二億チャット（八四〇〇万円）に上るという。

ネット時代を迎えているうえ、国を後ろ盾に安値で販売できる競争相手がいてはたまらない。

加えて、NLD政権になっても、一部の政府情報は国営紙を通じて公表されていた。国営メディアの優遇は、民間の多様な報道機関が安定的に成長する機会を奪っていた。

†NLD政権への失望

一五年の総選挙におけるNLDの公約には、報道の自由も含まれていた。ところが、政権発足後、前節で登場したロイター記者に留まらず、報道関係者に対する不当と思える法運用が相次いだ。

一八年一〇月一〇日、ミャンマー紙「イレブン・メディア・グループ」の編集長チョーゾーリン（三八）と記者らの計三人が逮捕された。適用されたのは、恐怖や不安を与える内容の報道などを禁じる刑法五〇五条。政府批判をする人物を標的に、軍事政権が利用してきた条文だった。

同社は二日前の八日付の週刊紙で、NLD幹部が首相を務めるヤンゴン管区政府のバス事業の不適切な支出について、議会での議論を取り上げた。これに対し、管区政府は同日、内容は誤りだとして告訴していた。

三人は同月二六日に保釈され、事案は報道倫理の順守などを担う独立機関「ミャンマー・プレス評議会」の仲裁に委ねられた。

保釈後、筆者の取材に応じたチョーゾーリンは「議会で議論された内容を記事にしたのに、説明の機会も与えられず、逮捕された」と強権的な手法に憤慨した。管区政府に謝罪を求められたが、記事は議会の議論が基なので「謝る必要がない」と拒んだ。

NLD政権について、チョーゾーリンは「大きな変化を期待したが、今、高揚感はない」と冷ややかに語った。

表現の自由を求めるミャンマー市民でつくる活動家組織「アサン」によると、一六年三月にNLD政権が発足してから四年間で、報道などの表現活動に絡み、記者や市民が法を犯したとして訴えられたケースが五三九件に上った。

後半二年が前半二年より七割多く、表現の自由がむしろ後退している印象すらある。罪名は、テインセイン政権時代の一三年に制定され、ネット上の名誉毀損や脅迫を取り締まる電気通信法違反罪、デモや集会の申告を義務付ける平和的集会・デモ行進法違反罪、違法組織への支援や接触を禁じる非合法結社法違反罪などが適用されている。

こうした調査結果について、詩人でアサンを運営するサウンカ（二七）は「非常にがっかりしている」と顔を曇らせる。

NLD党員のサウンカは一五年一一月、総選挙の運動期間中、当時のテインセイン大統領をフェイスブック（FB）で揶揄したとして、電気通信法違反容疑で逮捕され、約七カ月服役した。

自由度が増すと期待したNLD政権下でも、国軍だけでなく、政府や与党が言論に圧力をかけている現実に、サウンカは憤った。

†相次ぐ報道関係者の逮捕

「プロパガンダが報道機関の役割と勘違いしていないか」

ロイター記者逮捕後、抗議デモを主催した地元記者のターローンザウテッ(三四)は、スーチーも含めた権力側の姿勢に不信感を表した。「スーチーはダブルチェックをして事実を報じるプロも、FBに好き勝手に書き込むジャーナリスト面の人間も、合わせて報道機関ととらえ、負のイメージを持っている」

筆者がタイに駐在した一七～二〇年の三年間に、スーチーが地元メディアの単独インタビューに応じるのを見たことはない。一方、NHKのインタビューには二回応じている。二回目は一八年に来日した際で、ロヒンギャ問題が質問の主要な柱になっていた。

外交関係者によると、スーチーはインタビュー後、なぜ、ロヒンギャに関する質問ばかりするのか、国営メディアなのになぜ批判的な質問ばかりするのか、という不満を日本政府側にぶつけたという。

もし、発言がその通りだとすると、NHKは国際放送の一部経費などについて政府の支出を受けているものの、独立した事業体だし、報道の自由という観点でも、スーチーの理解には誤りがある。

そして、ミャンマー国内ではスーチーにかかわる政府や与党関連の話以上に、ロヒンギャを含めた治安上の話題はセンシティブで、国軍が問題視した報道関係者が逮捕や訴追されるケースは後を絶たなかった。

「ミャンマーはまだ純粋な民主国家になっていない」。NLD政権発足から二年を迎える一八年三月、ニュースサイト「イラワジ」の英語版編集長チョーゾアム（四六）は冷静に言った。「国軍がつくった憲法のため、国民が選んだNLD政権も、すべての権威と力を持っていない。報道の自由という観点でも、部分的に国軍がコントロールしている」

イラワジは軍事政権下の一九九三年、隣国タイに亡命したジャーナリストにより設立された独立系のメディアだ。

チョーゾアムは、現行制度の問題点として、警察や司法機関の独立性の欠如を挙げる。警察を所管する内務相は憲法の規定で、国軍総司令官が任命する。法務部門の要職には、軍政の流れを汲むテインセイン政権時代からの人材が就いているという。

また、英国植民地時代に制定され、反政府活動を抑えるため利用されてきた法律が残っている問題も指摘した。ロイター記者事件で適用された国家機密法や、非合法結社法などだ。非合法結社法は特定の団体とのつながりを処罰する点で、戦前の日本の治安維持法に通じる。

イラワジの記者も前年の一七年六月、東部シャン州の少数民族武装勢力「タアン民族解放軍（ＴＮＬＡ）」による違法薬物対策の行事を取材後、他社の記者らとともに逮捕された。適用されたのは非合法結社法違反罪だった。

「彼らは公開の行事を取材しただけだったのに、国軍は拘束した」。チョーゾアムは批判とともに、こう表現した。「近づきすぎたら、逮捕されるかも知れないし、死ぬかもしれない。この国にはそんな際どい境界線が存在する」

チョーゾアムは「長く国軍下にあった国のシステムを変えるのは難しいが、報道の自由は民主国家の中心的価値だ。指導者として、促進する姿勢を明示してほしい」とスーチーに求めていた。

しかし、ＮＬＤ政権が任期最終年の五年目に入っても、抑圧のツールだった植民地時代の法律は廃止されなかった。

それは結果的にスーチーにも降りかかってくる。クーデター後、スーチーが国軍に起訴された罪のなかに、国家機密法違反罪がある。微罪での起訴もあるなかで、同法違反罪は最高で禁錮一四年に処される可能性がある。

†朝日新聞への異議申し立て

ミャンマーにおける報道の自由を巡る問題は、身近なところでも起きていた。一九年二月一四日、朝日新聞が国軍のミンアウンフライン総司令官を単独インタビューした。翌日朝刊の総合面にインタビューの概要をまとめた約六〇〇字の本記、国際面に背景説明を交えた約一六〇〇字のサイド記事が掲載された。

一週間ほど後、内容が不正確だとして、国軍が独立機関「ミャンマー・プレス評議会」に不服を申し立て、朝日新聞が謝罪したという記事が地元メディアに出た。国軍は同紙が約束通り、事前に原稿を見せなかったと主張していた。

朝日新聞社広報部は「総体的な（まとめた）記事だったのが引っ掛かっているようだ。問答をすべて載せる形式では一般の記事として成り立たないことや、事前にすべてを見せられないことは国軍に話していたはずだ」と説明する。地元メディアの「謝罪」という表現が必ずしも適切とは思わないが、同紙もやや譲歩して、意図がよく伝わっていなかったかもしれないという趣旨の文書を国軍に送り、トラブルは収束していったようだ。

同紙は同月二七日、一四日に行われた一問一答のインタビュー詳報をウェブサイトに載せている。それと紙面の内容を比較して、国軍が何を「不正確」と言っているのか、さっぱり理解できなかった。紙面の記事はロヒンギャ迫害や憲法改正の問題について、ミンアウンフラインの発言の要点をすくい上げ、分析を加えた内容で、事実をねじ曲げた様子はない。ミンアウンフラインの発言自体も、ロヒンギャや憲法に対する従来通りの頑なな姿勢があらためて確認できる反面、驚くような方針転換や際どい内容が含まれているわけではない。

国軍出身のテインセイン元大統領時代、事前検閲制度を廃止したのに、依然として、あらかじめ公開する内容を知らせるのが当然のように振る舞う。報道や表現の自由を尊重する意識の欠如に怒りが湧くと同時に、高圧的な態度のなかにある国軍の陰湿さ、異様さを感じずにはいられなかった。

†討論会への横槍

普段在駐していたバンコクで、このような出来事もあった。

バンコクの中心街チットロムにあるビルの高層階に、各国記者らをメンバーとする「タイ外国特派員協会」が入居している。レストランを兼ねた記者会見スペースを備え、新型コロナの世界的大流行までは、毎週、討論会などの行事が催されてきた。

治安部隊によるロヒンギャの迫害で難民が大規模発生してから一年余りたった一八年九月一〇日夜、ミンアウンフライン国軍幹部をＩＣＣ（国際刑事裁判所）が訴追する可能性について論議する討論会が予定されていた。パネリストには、ロヒンギャ問題に関連し、ミャンマー政府が設置した助言委員会を辞めたタイの元国会議員コブサック・チュティクルも含まれていた。

開始一時間ほど前、ビル一階に着いた。カーキ色の制服が目に付いた。「今日は警察が多いな」。ＶＩＰが顔を出すのか、警備に力を入れているのかと、呑気な想像をしていたが、まったく外れていた。

特派員協会の部屋の内外で、警察官たちがうろついている。近くの警察署から来た責任者らしき警察官が、協会の幹部と膝をつきあわせていた。やがて、協会幹部が憮然とした表情で演壇に立ち、討論会の中止を発表した。

タイ警察は討論会が第三者に利用され、国の安全が乱されたり、外交関係に影響が及んだりする恐れを理由にしたという。特派員協会は「深く失望している。タイの報道の自由を不必要に傷つけた」との声明を発表した。

ミャンマーのロヒンギャ問題で、タイの安全が乱されるというのは飛躍がある。ミャンマー側から出先の大使館などを通じて、タイ側に何か働きかけがあったのか。

タイでは一四年にクーデターが起き、一八年当時、元陸軍司令官のプラユット暫定首相率いる軍事政権下にあった。クーデター後、特派員協会の行事が中止になるのは、このときで六回目だという。

意にそぐわなかったり、都合が悪かったりする物事を力で抑えつける国軍の性向は、ミャンマーでもタイでも変わらない。

†日本人ジャーナリスト摘発

「今後を見通すのは難しい」。ミャンマー国軍のクーデターから二カ月近くたつ二一年三月一九日、筆者はSNSの通話機能で、ヤンゴンに住むジャーナリスト北角裕樹（四五）と連絡を取った。北角は先行きの不透明さに、懸念を浮かべていた。

北角とは以前、ヤンゴンに出張した際にあいさつを交わしていた。国家機密法違反罪に問われたロイター通信記者の審理をお互い取材しているとき、裁判所の近くで名刺を交換したのが始まりだったと記憶している。

北角は元日本経済新聞記者で、一四年からヤンゴンを拠点に取材活動を続けていた。ミャンマーの社会事象を雑誌などの媒体を通じて発信する一方、国民的な麺料理「モヒンガー」を題材にした短編コメディ映画『一杯のモヒンガー』を監督している。

二月一日のクーデター以降、北角は身近で起きている抗議活動について取材し、フェイスブック（FB）などで日本に伝えていた。取材を巡って二度にわたり拘束され、最終的には帰国させられている。筆者は一度目と二度目の拘束から解放後、それぞれ話を聞いていた。

連絡を取った三月一九日は、一度目の拘束から解放された後だった。

北角は二月二六日、ヤンゴンの大通りでカメラを手にデモを取材していた。シュプレヒコールや音楽演奏という平和的な手法のデモだったが、三〇分ほどして警官隊がやって来た。

気がつくと挟み撃ちになり、両手を上げていると、警官に腕をひねり上げられ、「PRESS」と書いたヘルメットの上から警棒で殴られた。警察署に連行され、何十枚も写真を撮られ、「暴力は受けていない」というミャンマー語の文書に署名させられそうになった。

このときは拘束から五、六時間で釈放された。北角は「外国人だから早めに釈放されたのだろう」と振り返る。翌二七日には友人のミャンマー人ジャーナリストが逮捕され、拘束が続いていたからだ。

「2222」のあった二月下旬以降、激化した国軍の弾圧についても、北角は語った。街中で土嚢《どのう》を積んだバリケードを見つけると、国軍や警察が周辺住民を駆り出して撤去させ、深夜に路上で発砲して「また造ったら相応の措置を取る」と拡声器で脅す。三月一八日ごろから、国民の多くが、携帯電話を使ったネット接続を遮断され、情報共有もままならなくなったという。

「二度と反抗できないように、恐怖感や絶望感を住民にたたき込もうとしている」。北角は国軍の手法に批判を込めた。

拘束後も自身の体験や市民の抗議活動について情報発信し、国軍の振る舞いを「悪辣」と非難していた北角に、再び治安当局の手が迫った。以下は北角が日本に帰国後、筆者に話した内容だ。

四月一八日午後七時半ごろ、ヤンゴンの自宅にいたとき、呼び鈴が鳴った。ドアを開けると、警察官や国軍兵士、入管職員ら七、八人がいた。北角をひざまずかせ、室内の捜索を始めた。パソコンやカメラを押収し、北角をトラックに乗せ、政治犯を多く収容するインセイン刑務所に連行した。捜索令状や逮捕状の提示はまったくなかった。

刑務所では四月中に計三日間、合わせて七、八回の事情聴取を受けた。「刑法五〇五条A」の罪で起訴されたと途中でわかったが、具体的な内容は知らされぬまま、人間関係について執拗に聞かれた。取調官は机を叩くこともあった。

通訳は専門家ではなく、英語ができる受刑者が務めた。ミャンマー語で書かれた供述調書の中身を通訳に確認すると、否定したはずの事実が「そのことはよくわからない」とあいまいな表現に弱められていた。抗議すると、取調官が「お前が協力しないなら、俺たちが勝手に書く」と言い放ったため、調書への署名を拒否した。

五月四日、起訴された内容に関する正式裁判前の予審が裁判所で開かれた。このときようやく、知人のミャンマー人映像作家から二〇〇〇ドルで反クーデターのデモの動画を買い取ったとして、偽ニュースの流布を罰する刑法五〇五条A違反の罪に問われたとわかった。

購入した動画をFBに投稿したのが偽ニュースの流布に当たる、という捜査機関の筋立てだったようだが、有償無償に関わらず、動画のやり取りは一切していないため、事実無根の話だった。裁判所で再会した映像作家には「現金を君からもらったなんて、供述していない」と言われた。映像作家の調書もねつ造されていた。

いつ、どの動画について、どういう方法で現金の授受があったのかを特定しないまま、罪に問うという無茶苦茶さだった。

人権無視も甚だしい拘束だったにも関わらず、北角は「自分はVIP扱いだった」と強烈な皮肉を込めて言う。

インセイン刑務所には政治犯のミャンマー人がおよそ数百人いた。北角は拘束されたNLD政権の閣僚や俳優らと同様に、独房をあてがわれたが、一般の政治犯は屋根があるだけのフットサルコートのような場所で、密集状態で雑魚寝させられていた。

政治犯は通常、インセイン刑務所に収容される前に、目隠しされて国軍の尋問施設に連行され、数日〜二週間程度、拘束された。

「兵士に銃を頭に突きつけられ、尋問された」「コンクリートにひざまずかされ、聞かれた内容を否定すると棍棒で打たれた」「トイレに行かせてもらえず、失禁したら殴られた」「二日間、食事を与えられなかった」「水浴びを許されたが、服を着て、手錠をしたままだった」

国軍の施設で拘束中、陰惨な拷問を受け、自白を強要されたという話が、いくつも北角の耳に入ってきた。知人の映像作家も一〇日間以上拘束され、拷問を受けていた。

北角は「物的証拠を集めるのでなく、拷問をして自白を取り、想定通りの調書を作って署名させる行為が日常化していた」と怒りをあらわにする。

五月一三日、北角は刑務所の担当者に「君は明日、帰ることになる」と突然言われ、翌日、日本に戻った。国営テレビ「MRTV」が一三日、「解放は両国の友好関係と将来が考慮された」と伝えていたことは帰国後に知った。

拘束が続く知人の映像作家らを心に浮かべながら、北角は言う。「そもそも逮捕自体が不当だ。「日本人だから」という釈放の理由はおかしい。ミャンマーの状況を今後も伝えていく」

北角は「国軍は「ジャーナリストは偽ニュースを流している」と印象付けたかったのだろう」と自身の逮捕を振り返る。その言葉が表すように、ミャンマーではクーデター後、報道への締め付けが、露骨になる一方だった。

三月八日、国軍はクーデターに批判的な民間報道機関五社の免許を剝奪した。同月中旬までに、民間の日刊紙はすべて発行停止に追い込まれた。

電子メディアのリポーティング・アセアンによると、クーデター後、ミャンマーで拘束された報道関係者は五月下旬時点で八〇人を超えている。米CNNの取材を受けた市民らが拘束されるなど、報道への協力を阻む事件も起きた。

国軍は社会を安定させるという一方的な口実のもと、ロヒンギャ問題でも見られたような、不都合な真実を隠そうとする本性をむき出しにしている。

ミャンマーで民政移管後、民主主義を支える土台として進展が期待された報道の自由、表現の自由は、国軍に根底から覆され、最大級の危機を迎えている。

3 暴走するSNS

†殺害予告

二〇一八年三月、タイのバンコクで、AP通信記者のエスター・トゥサン（三〇）から話を聞いた。

エスターは少数民族カチン人でキリスト教徒。カチン人にはキリスト教徒が多い。カチン州を訪れると、あちこちで教会を目にする。シュエダゴン・パゴダのような仏塔や寺院が存在感を示すヤンゴンとは雰囲気が異なる。

エスターはクリスチャンネームで、トゥサンがカチン人のラストネームにあたるという。姓名の区別がないミャンマー国民が大半を占めるなかで、めずらしいパターンに属する。

エスターは一六年、東南アジアの漁業における過酷な労働をチームで追った報道で、ピュリツァー賞を受けた。

ジャーナリズムの世界で最も有名な賞に輝いたエスターはこのとき、バンコクに避難していた。ミャンマーにいたころ、ロヒンギャ問題を巡り、国軍による人権侵害や政府の対応に批判的な論調の記事を書いていたエスターは、ネット上で脅しを受けるようになっていた。

決定的な形で火が噴いたのは一七年一一月、アジア欧州会議(ASEM)外相会合でのスーチーの演説について、不法移民に対する見解の部分を誤訳した後だった。

配信記事は訂正されたが、ロヒンギャとも関連する内容だけに「(スーチーの)イメージを傷つけようとした」と非難を浴びた。

多数のフォロワーを持つスーチーの支持者はフェイスブック（FB）に「（エスターは）殺されるべきだ」と書き込んだ。何者からかの付きまといにも遭い、身の危険を感じて、翌一二月にタイに拠点を移した。

誤訳があったにせよ、殺害をあおるとは行き過ぎている。

「多くのジャーナリストが同じ問題に直面している。気に入らないことを書いた人間に対し、FB上で攻撃する行為が、私以外にも起きている」

エスターは母国の風潮を危惧した。

「イスラム教徒や少数民族へのヘイトスピーチ（憎悪表現）がFBで拡散している。ここ五年ほどで市民にSNSが浸透したが、正しい使い方をしていない」

ミャンマーに戻る予定はあるか尋ねると、首を振った。「何が降り掛かるのか、とても不透明だから。今すぐ戻るには、脅されすぎてしまった」

†デマとヘイトスピーチの温床

ミャンマーでは民政移管後の一二年、通信事業への民間参入が認められ、ネットやスマートフォンの利用者が急増した。約五四〇〇万人の人口のうち、二〇〇〇万人以上がSNSを使っていると推計されている。圧倒的な人気を誇るのがFBだ。

FBを中心とするSNSが普及した時期は、仏教徒とイスラム教徒の対立感情が強まった時期と重なる。

一二年五月、ラカイン州で、ラカイン人女性の殺人事件が起き、ロヒンギャ男性ら三人が逮捕された。女性は性的暴行を受けたとされる。ネット上で、被害女性の写真やロヒンギャへの憎悪をあおる書き込みが拡散した。

翌六月、今度はラカイン人らがバス乗客のロヒンギャらを襲い、一〇人を殺害。ラカイン人とロヒンギャの間で、襲撃や放火が相次いだ。政府はラカイン州に非常事態宣言を発令したが、衝突は収まらなかった。

全体数で上回るラカイン人がロヒンギャを圧迫する形となり、このときには一〇万人以上のロヒンギャが、州都シットウェ郊外などの国内避難民（IDP）キャンプに逃げ込んでいる。筆者が一八、一九年にラカイン州を訪れたときにも、シットウェ郊外にフェンスに囲まれたIDPキャンプが残っていた。

衝突は拡大を続け、一三年三月には中部マンダレー管区メイッティーラで、四十人以上が死亡する事件も起きた。この時期の深刻な対立は、アラカン・ロヒンギャ救世軍（ARSA）が生まれる契機にもなった。

この一二年以降の紛争と並行して広がっていたのが、イスラム教徒の商店での不買や異教徒間の結婚の禁止を呼び掛ける仏教徒らの９６９運動だ。

先に述べた通り、９６９運動は排外的な仏教僧らの団体マバタが推進した。マバタの代表的な僧ウィラトゥらは、反イスラムの主張を広めるため、街頭での説法のほか、FBを利用した。

「イスラム教徒は金を使って仏教徒の女性と結婚し、無理矢理改宗させる」「イスラム教徒を増やし、ミャンマーの仏教徒を滅ぼそうとしている」といった差別と偏見に満ちた言説が、ウィラトゥや支持者のFBページを通じて拡散した。一四年、イスラム教徒の喫茶店経営者が仏教徒の使用人をレイプしたという真偽不明の情報について、ウィラトゥが多数のフォロワーがいる自身のページで共有した結果、仏教徒とイスラム教徒の衝突が起き、死者が出る出来事もあった。

一六〜一七年、ARSAと治安部隊の衝突が起きた時期には、イスラム教徒と仏教徒が、相手側による襲撃計画など根拠のない情報を互いにFBに書き込み、恐怖をあおった。ラカイン州では国軍や警察だけでなく、仏教徒ラカイン人住民によるロヒンギャへの暴力も報告された。ARSAもツイッターなどSNSを通じ、武装闘争を正当化する主張を展開した。

「FBは今やけだものに変わってしまった」。ミャンマーの人権状況に関する国連特別報告者の李亮喜《イヤンヒ》は一八年、SNSによる暴力や憎悪の扇動に、強い危機感を示した。

†民主主義の武器になれるか

批判が高まるなかで、FBも少しずつ対応を進めた。

一七年八月にARSAが治安部隊を襲撃した後、FBはテロ組織などによる投稿を禁じる社内基準に基づき、ARSAによる利用を停止したと明らかにした。

一八年に入り、一月に「憎悪や暴力の助長は社内基準で禁じられている」としてウィラトゥのアカウントを削除。四月には、ミャンマー語の投稿をチェックする要員の不足などを指摘する公開書簡を送った地元市民団体に、マーク・ザッカーバーグCEOが謝罪のメールを返信した。続いて八月、「民族、宗教間の対立を深める行為に利用されるのを防ぐため」として、ミンアウンフライン総司令官や国軍系テレビ局「ミャワディ」を含む二〇の個人・組織を対象に利用を禁じた。

二一年二月のクーデター後、FBなどのSNSは、市民が抗議を呼び掛け、国軍の非道ぶりを世界に発信する武器になってきた。

治安部隊がデモ参加者を救助した救急隊員らを銃床で殴りつけたり、車の荷台からバイクの市民に発砲したり、遺体を引きずって運んだりする映像を次々、各地の市民がSNSに投稿。一九八八年の反政府デモにはなかった手法で、弾圧に対抗する。

クーデターへの反発から、国軍を共通の敵とみなし、民族間の距離を縮めようとする動きも、SNS上で現れた。

二〇二一年二月、ミャンマーで著名な作家二人がSNSで、国軍によるロヒンギャ迫害に沈黙してきた過去を謝罪した。ロヒンギャからも「私たちは民主主義のために立ち上がる」と民主派との共闘を誓う投稿が見られる。

民主派の連邦議会代表委員会（CRPH）が国連特使に任命したチン人の社会活動家であるササ医師は三月、ロヒンギャの指導者らと会談。FBで「国軍に長い間苦しめられてきたロヒンギャに正義をもたらす」と宣言した。

一方、国軍はクーデター直後、国内でのＳＮＳへの接続に規制をかけた。市民がＶＰＮ（仮想私設網）を利用し、海外のサーバーを経由してＳＮＳに接続する方法で規制を回避すると、国軍は三月中旬、携帯電話によるネット接続自体を遮断。市民のＳＮＳへの投稿を減少させた。

国軍は抗議活動に打撃を与えるため、ネットやＳＮＳの利用自体を難しくするとともに、監視や取り締まりの権限を強化し、情報を統制する基盤整備を急いでいる。「サイバーセキュリティ法」の制定に向けた動きだ。法案は、社会の分断を意図して偽情報を作成した者に最高で禁錮三年などを科す内容になっている。通信業者は当局の求めに応じて、偽情報の遮断や削除、利用者の個人情報の提供をするように義務付けている。

街頭に加え、サイバー空間も民主派と国軍の攻防の場となっている。そこでは国軍の暴力が明るみに出る一方で、「中国がネット検閲に協力するため技術者を派遣した」「街に中国兵が現れた」といった真偽のほどが定かでない情報も伝播している。

クーデター後、民間メディアの基盤は、国軍による免許剥奪でさらに弱められた。拘束された報道関係者も多数に上る。ＳＮＳに依存せざるを得ない状況は、不確かな情報にさらされる危うさとも裏腹だ。対国軍の旗印は、国民を結集させる方向に働くとはいえ、民族や宗教の違いによる長年のしがらみを乗り越えるのは容易ではない。

ＳＮＳが真実の力で国軍を打ち倒し、民主化や人々の融和を定着させる手段となるかは、予断を許さない。

第五章

問われる国際社会

事業が凍結されたミッソンダムの計画地にある建設途中の巨大な建造物
(2019年11月、ミャンマー北部カチン州にて。北川成史撮影)

1　関係国の思惑

†凍結した巨大ダム計画

山あいを巡る二つの川が交わり、ミャンマーの国土を南北に貫くイラワジ川に名を変える北部カチン州ミッソン。ここにシンガポール（約七二〇平方キロメートル）と同程度の面積が水没する「ミッソンダム」の建設が計画されている。

二〇一九年一一月、筆者はダムの計画地に足を運んだ。最大都市ヤンゴンから州都ミッチーナまで国内線で飛ぶ。さらに車で山間を一時間あまり走る。ミッソンまでの道は舗装されていたが、地元住民によると、計画前はでこぼこ道で、倍の時間がかかったという。

国を象徴する大河の源流は、ミャンマー人に特別な感慨を与える観光地になっている。川岸には飲食店のほか、カチン人などこの地域に住む少数民族の衣装を貸し出す店舗が並ぶ。

衣装を借りた女性たちが水辺でポーズを取りながら、スマートフォンで記念撮影している。清流に足を浸し、水を掛け合って遊ぶ親子連れも見られた。

遊覧用のモーターボートで、ダムの建設現場に行くように頼んだ。船頭は川をしばらく下り、巨大な橋脚のような建造物が何本もそびえ立っている場所まで案内した。ここで川を堰き止める計画なのだろうか。見上げるほどの大きさの建造物は、コンクリートむき出しで、金属部分は赤茶色にさびている。緑あふれるのどかな風景のなか、人工的で、異様な威圧感を醸し出していた。

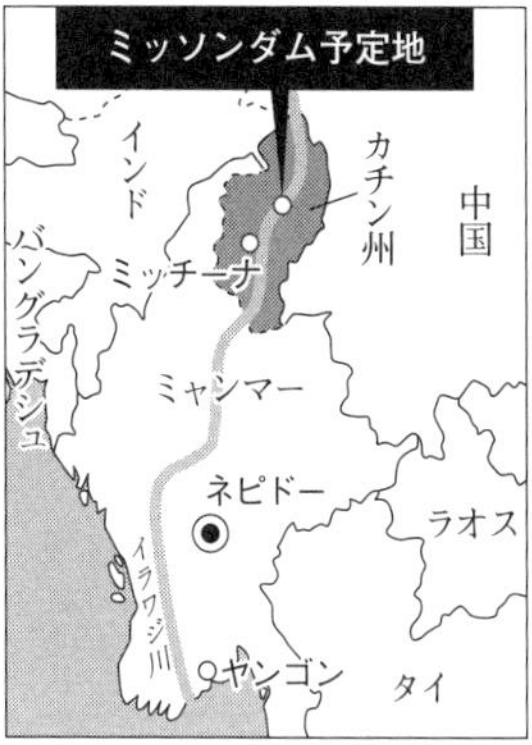

ミッソンダムは〇九年、当時のミャンマー軍政と中国企業が建設契約を締結した。事業費は三六億ドル（約四〇〇〇億円）で、水力で発電した六〇〇〇万キロワットのうち九割は、カチン州と接する中国に送る取り決めだった。

だが、民政移管後の一一年、環境保護を求める声を受け、当時のテインセイン大統領が建設凍結を表明した。

計画地に住むカチン人らの一部は、建設凍結前に、土地の接収や移転を強いられていた。

「カチン人にとって、恵みをもたらすイラワジ川の始まりは神聖な場所。中国は口では「地域の発展」と言うけど、利益は自分で持ち去る」。移転先の村で小さな飲食店を営みながら、反対運動を続けるルラ（五六）は切り捨てた。

国民民主連盟（NLD）を率いるアウンサンスーチーはかつて、建設反対の立場を表明していた。しかし、一六年に政権に就いた後、賛否を明確にしなかった。建設は凍結されたまま、計画は生き続けている。

ルラは一五年の総選挙ではNLDに投票した。「スーチー氏が政権を取ったら、ダム計画をすぐに撤廃すると信じていた」と振り返る。期待は裏切られ、二〇年一一月の総選挙は少数民族政党に入れると話していた。

カチン州での中国資本を巡る軋轢は、ダムだけではない。国軍とカチン人の武装勢力「カチン独立軍（KIA）」の内戦から住民が逃れた後の放棄地に、中国向けバナナの無許可農園が拡大。環境破壊や中国人の不法滞在が問題化していた。

一九年七月、カチン州の三つの少数民族政党が合併し「カチン州人民党」が発足した。トゥジャ議長によると党員は二〇万人。「住民の要望を受け、（二〇年の）総選挙で勝つため結集した。ダム計画を破棄しないNLDは支持を失う」と意気込んだ。中国による収奪を危ぶむカチン人の警戒心に訴えようとしていた。

†非難を避ける中国

ミャンマーは北部カチン州と東部シャン州で、中国と約二二〇〇キロにわたって国境を接している。欧米から制裁を受けていた過去の軍政期を含め、中国との国境貿易はミャンマーにとって、欠かせない経済活動になってきた。

巨大経済圏構想「一帯一路」を掲げる中国にとっても、インド洋への抜け道となるミャンマーは戦略上の要衝にあたり、投資を加速させている。ミャンマーへの外国投資認可額で、中国は一九年度、香港と合わせると、国・地域別で第一位だった。

一帯一路の一環で、ミャンマーには「中国―ミャンマー経済回廊」の構想がある。中国南西部雲南省の昆明とミャンマーの最大都市ヤンゴン、インド洋（ベンガル湾）に面する西部ラカイン州チャオピューの約一七〇〇キロの区間を高速道路と鉄道で結ぶ事業だ。NLD政権下の一八年九月、両国間で覚書が交わされた。

チャオピューは経済特区に指定されており、中国の国有企業「中国中信集団（CITI

C)」を中心とする企業連合が大規模港湾と工業団地の開発権を得ている。チャオピューから雲南省に向け、原油と天然ガスのパイプラインが既に稼働している。中国はマラッカ海峡を経なくても、中東産の原油などを輸入するルートを確保した。

中国は国連安全保障理事会の常任理事国だ。ロヒンギャ迫害に対する国連の非難決議に反対するなど、政治的な面でミャンマーを擁護する動きを見せた。

ロヒンギャ問題後、欧米との関係が冷え込んだ分、ミャンマーの中国への依存度は高まる傾向にあるといえるが、ミャンマーが親中かというと、そう単純な話ではない。

「ミャンマーにとっての仮想敵国は中国だ」

ある外交関係者は、やや誇張を交えて表現する。

中国が支援し、反政府活動を展開するビルマ共産党(CPB)は、ミャンマーにとって独立から長年にわたる懸案だった。CPB崩壊後も、中国に支えられたワ自治管区のような疑似国家を抱えている。中国の存在は国内和平の実現を遠のかせかねない。

また、NLD政権下のミャンマー政府は一八年一一月、チャオピューでの港の開発について、CITICなどとの間で、事業規模の縮小で合意した。中国の一帯一路を巡っては、大規模なインフラ整備の支援を受けた国が借りた資金を返済できず、政治的影響下に置かれる「債務の罠」に陥る恐れが指摘されている。そうした懸念があるなかで、NLD政権は規模の縮小を交渉していた。

中国の存在は無視できず、政治力や経済力を利用する必要はあるものの、過度の依存で身動きが取れなくなるのは避けたいミャンマーの本音が見え隠れする。

クーデター直後、中国外務省は「各当事者が憲法と法律の枠組みのなかで意見の相違を適切に処理するように望む」などと、一定の距離を置くコメントを出した。

国軍への強い非難を避ける姿勢に対し、ヤンゴンの中国大使館前では「独裁者を支持するな」とプラカードを掲げた市民らが抗議。中国大使は「中国は断じて今のような状況を望んでいない」と表明した。

五月五日には、第二の都市マンダレーで、中国に資源を送るパイプラインの関連施設が襲撃され、警備員らが殺害されている。

ミャンマーの不安定化と市民の対中感情の悪化は、一帯一路の行く末に影響を与えるため、中国にも不利益が大きい。

今回のクーデターは、政治的混乱があった一九六二年や街頭デモで騒然としていた八八年と比べ、国軍側がより無理のある理由で起こした行動だった。どの国にとっても国軍に全面的な力添えをするのは難しい。

クーデター後の混乱を収拾するため、国際社会としては、ミャンマーとつながりを強めてきた中国を解決に向けた議論の場に引き込み、ミャンマーへの働きかけへの協力を引き出せるかがポイントになる。

†ASEAN臨時首脳会議

クーデター後、ミャンマー国軍への各国の対応は、人権や民主主義に対する姿勢や同国との関係で、差異が出ている（図5）。

軍政から民政への移管翌年の二〇一二年まで二二年間、米国はミャンマー大使を派遣せず、最後まで経済制裁を維持した。完全な解除は一六年だった。米国は今回もいち早く、国軍への制裁を導入。英国などが同調している。

兵器輸出などで国軍と関係の深い中国やロシアは、強い非難を控えている。日本は非難しつつも、経済面で中国に対抗する立場からミャンマーとの関係は維持したいため、制裁には慎重な態度をとる。

ミャンマーも加盟する東南アジア諸国連合（ASEAN）は、比較的早い動きを見せて

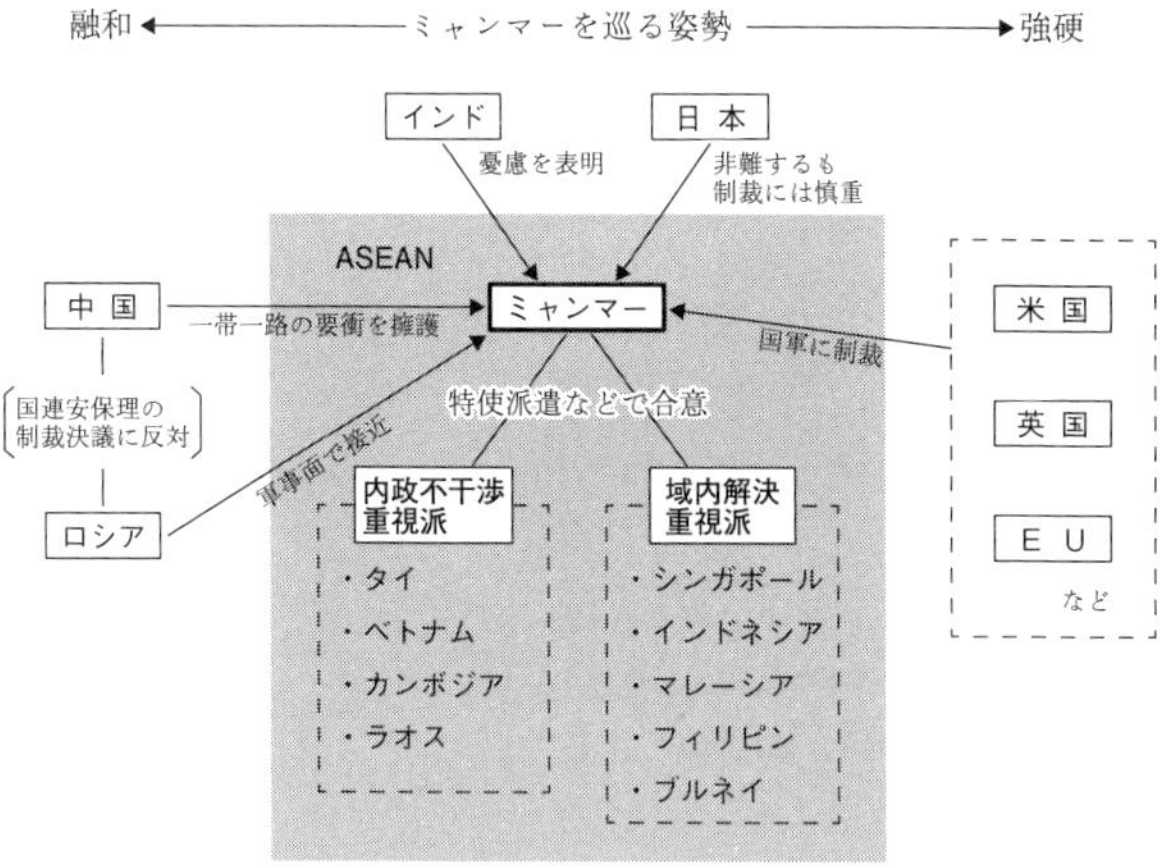

図5 各国のミャンマーを巡る姿勢

おり、興味深い。

二一年四月二四日、インドネシアの首都ジャカルタで、ミャンマー情勢の沈静化について話し合うＡＳＥＡＮの臨時首脳会議が開かれた。「内政不干渉」を基本原則とするＡＳＥＡＮが、個別の加盟国の問題を議論するため首脳会議を開くのはめずらしい。

会議は、東南アジア最大の約二億七〇〇〇万の人口を有し、ＡＳＥＡＮの盟主を自任するインドネシアのジョコ大統領が呼びかけた。欧米諸国がミャンマーを非難するなかで、「内政不干渉」を隠れ蓑にしていては、国際社会でのＡＳＥＡＮの存在意義と発言力が低下する。ミャンマーへの制裁の動きが強まれば、経済活動を含め、東南アジア地域全体の安定に響きかねず、問題を無視できなくなっていた。

ミャンマーからは、ミンアウンフライン国軍総司令官が出席した。国軍の統治を認めかねないという懸念をはらみつつ、ミンアウンフラインを国際的な対話の場に引き出す意義が優先された。

会議ではインドネシアやマレーシア、シンガポールなどから、暴力の停止や対話を求める声が相次いだとされる。ジョコは会議後、「ミャンマーの現状は受け入れられない。民主主義と安定・平和が取り戻されなければならない」と訴えた。

議長声明によると、加盟国は「暴力の即時停止」「当事者間の対話」「対話促進に向けてASEANの特使派遣」など五項目で合意した。

ASEANとして沈静化に向けた意欲を示した格好になったが、加盟国の間では、クーデターに対する態度は温度差がある。

一四年にクーデターが起き、一九年に総選挙を実施したものの、軍政の延長線上にあるタイ、最大野党を解党し、フン・セン首相の独裁色が増すカンボジア、一党支配の社会主義国であるベトナムやラオスは、自国の政治体制に批判がはね返り、国内の民主化勢力を刺激するのを警戒し、ミャンマーの問題に立ち入るのに積極的ではない。

合意項目には踏み込みの甘さも見られる。スーチーら拘束されている民主派の解放は盛り込まれていない。暴力の停止の主語が不明確で、特使派遣の時期も明示されず、市民や人権団体からSNS上などで不満の声が上がった。

ミャンマーの国営紙によると、首脳会議の二日後、ミンアウンフラインは特使の受け入れについて、「国内情勢の安定」を判断材料にすると述べている。「デッドラインのない合意が、国軍の時間稼ぎに利用される恐れがちらつく。

ASEANはポーズだけでなく、民主的価値を尊重しながら、発展の道を歩む意思がどれだけあるのか。クーデターへの対応は、加盟国にそんな問いを突きつけている。

†国軍記念日を祝う八つの国

クーデター後の二一年三月二七日、ミャンマーの国軍記念日の式典が首都ネピドーで開催された。例年約三〇カ国が招待されるが、日本を含む大半の国は欠席した。参加したのはロシア、中国、インド、バングラデシュ、ラオス、パキスタン、タイ、ベトナムの八カ国だった。

ミャンマーが国境を接する国は五つある。中国（約二二〇〇キロ）、タイ（約一八〇〇キロ）に次ぎ、接する国境線が長いのは、インド（約一五〇〇キロ）になる。残りのラオス（約二四〇キロ）、バングラデシュ（約一九〇キロ）と比べ、三カ国の距離は格段に長い。

二一年二月のクーデター直後、インド外務省は「法の支配と民主的な手続きは守られなければならない」として「深い憂慮」を示したが、ミャンマーへの強い言葉は避けた。

一九八八年、ミャンマーで国軍のクーデターが起きた後、インドは欧米とともに、民主化勢力側に立った。孤立したミャンマー軍政は、インドとカシミール問題などで対立する中国に近づいた。

現在、インドはミャンマーで、道路や港湾といったインフラ整備の大型事業を計画している。中国がミャンマーにいっそう浸透するのは、安全保障面でも経済面でも好ましくないため、慎重な態度をとっているとみられる。

今回のクーデター後、ミャンマーからインドに、抗議デモの取り締まり命令に反発した警察官たちが逃げ込んでいる。ミャンマー国軍はインド政府に、越境した警察官を送還するように求めた。

一三億人を超える人口を抱え、「世界最大の民主主義国」を自任するインドの苦慮が垣間見える。

近年、国軍との親密さが増しているのがロシアだ。国軍記念日の式典には、ロシアはミャンマー駐在の武官ではなく、本国からフォミン国防次官を派遣した。

ストックホルム国際平和研究所（SIPRI）は、ミャンマーが二〇一九年までの一〇年間で、計八億七〇〇〇万ドル（約九六〇億円）のロシア製兵器を購入したと推定している。クーデター直前の一月には、ロシアはミャンマーに、移動式防空システムや無人偵察機を供給する契約を結んだ。

国軍のミンアウンフライン総司令官は二〇年六月、第二次大戦の対独戦勝七五年を祝うロシアの行事に、新型コロナのパンデミックのため日本やフランスなどの首脳が参加を取りやめるなかでも訪露して出席した。国軍は同年九月、ロシア軍が主催した大規模軍事演習「カフカス2020」にも参加している。

ミンアウンフラインら国軍幹部は、兵器調達を中国だけに頼り、対中関係での泣き所になるのを恐れている。ロシアはミャンマーと遠く離れ、安全保障上、直接対立する問題はない。両国間で兵器の売買を妨げる要素は少ない。

クーデター後、国連安全保障理事会の常任理事国であるロシアは中国と同様、国軍側への制裁決議の採択に反対した。中国と並ぶ国軍の後ろ盾として存在感を増し、問題解決を長引かせる要因にならないか懸念される。

†制裁から協調へ

二一年二月一日のクーデター後、いち早くミャンマーに厳しい行動をとったのは米国だった。

バイデン大統領はクーデター当日、「民主化と法の統治に対する直接的な暴力」と国軍を非難し、同月一一日にミャンマーへの制裁に関する大統領令に署名。大統領令に基づき、米財務省は国軍幹部ら一〇人と国軍系企業三社を対象に、米国内の資産の凍結や入国停止などの制裁を科した。

対象の個人は、すでにロヒンギャ迫害で制裁対象になっていたミンアウンフラインやソーウィン副司令官に加え、暫定大統領に就いたミンスエや国防相に任命されたミャトゥンウーらが含まれていた。企業は、国軍と緊密な関係にあるとみられる「ミャンマー・ルビー・エンタープライズ」など、ミャンマー特産の宝石を扱う三社だった。

その後もミンアウンフラインの家族や、国軍の重要な資金源とされる複合企業の「ミャンマー・エコノミック・ホールディングス（ＭＥＨＬ）」と「ミャンマー・エコノミック・コーポレーション（ＭＥＣ）」などに、制裁対象を拡大している。先に対象になった宝石関連の三社は、ＭＥＨＬの子会社だ。

米国の動きに追随するように、英国や欧州連合（ＥＵ）もミンアウンフラインや国軍系企業への制裁を導入している。

ただ、こうした制裁後も国軍による弾圧は続き、即時的な効果は出ていない。

「米政府も制裁が現場で十分な変化をもたらすとは考えていない。だが、他国をリードし、国軍にクーデターによる代償が生じると伝えるシグナルとして必須だと感じている」。米国の元ミャンマー大使デレク・ミッチェルは、米政権の立場を代弁する。

つまり、カギになるのは国際協調だという。

ミッチェルは、経済や地域の安定の面から「だれもアジアの中心部で破綻国家が生まれるのを望んでいない」とし、クーデターへの強い批判を避けている中国やロシアも、解決に向けた議論に取り込めると主張する。中国に対しては、政経両面で同国と関係を深めつつも、等距離外交を基本とするＡＳＥＡＮを通じた働きかけの必要性に言及した。

日本について、ミッチェルは「国軍と築いてきた関係を生かし、現状を続けた場合に国軍が払う代償について、率直に話すべきだ」と期待する。

四月一六日の日米首脳会談の共同声明には、クーデターへの非難が盛り込まれた。ミッチェルは「声明は出発点だ。両国がどんな協調した行動をとり、他国を引き入れていくかが肝心な問題となる」と力を込める。

一九八八年のクーデター後、欧米諸国などのミャンマーへの制裁は、天安門事件で同様に孤立していた中国への接近を促したと指摘される。

中国を巡る環境は当時とは違う。また、今回のクーデターは、国軍が自己の権力保持のために起こした性格が強く、正当化しづらい。

米中などの国際的な対立構図を持ち込まずに、制裁の範囲などに差はあるにせよ、どれだけ多くの国が国軍に圧力をかけていけるかどうかが重要になってくる。

2 日本の役割

†日本ミャンマー協会前デモ

二〇二一年四月一四日、自民党本部近くの東京都千代田区平河町の路上に、在日ミャンマー人たちが集まっていた。

ミャンマー人たちは、すでに七〇〇人を超えていたクーデターの犠牲者に一分間の黙禱を捧げた。目を閉じながら、抵抗のサインである三本指を掲げる姿も見られた。

そして、スピーカーを通して、切実な訴えが響いた。

「クーデターの後、どんなことを言うのか待っていました。でも二カ月以上たっても、何も言わないのはなぜですか!」

問いかけは、道路を挟んだ向かいのマンションに入居する一般社団法人「日本ミャンマー協会」の会長渡邉秀央・元郵政相に向けられていた。

日本ミャンマー協会は、ミャンマーが民政移管した翌年の一二年三月に設立された。

設立目的について、同協会は「飛躍的に発展が期待される両国関係の交流促進に民間の立場で貢献していくため」「特に民間の投資促進、貿易の拡大、技術協力、人材育成などの面において、ウィン・ウィンの関係構築実現のため」と説明している。

役員は、会長の渡邉のほか、最高顧問に麻生太郎財務相が就き、与野党の国会議員や元官僚、企業幹部らが理事を務める。

正会員と賛助会員合わせ、二一年三月時点で一三七社が加入。丸紅、三菱商事、トヨタ自動車など、ミャンマーに進出する日本の大企業や団体が名を連ねる。

デモの対象となった渡邉とミャンマーとのつながりは、中曽根政権で官房副長官を務めていた一九八七年、ネウィン政権のマウンマウンカ首相を日本に招いたのを契機に始まる。国軍が八八年の民主化運動を弾圧し、軍事政権を樹立した後も、渡邉は同国の支援に動いた。

二〇一一年の民政移管から一六年まで政権を担ったテインセイン元大統領との交友について、渡邉はたびたび言及している。テインセインがミャンマー東部シャン州を管轄する軍指令官だった一九九〇年代から交流を深めたという。

テインセイン政権時代、日本のODAを利用してヤンゴン郊外にティラワ経済特区が開発された。五〇社以上の日系企業の生産拠点となり、ミャンマーでは成功例とされるこの経済特区の開発を両国の間に立ち、推進したのが渡邉だった。

渡邉はクーデター前月の二〇二一年一月にもミャンマーを訪問し、国家顧問のスーチー、国軍総司令官のミンアウンフラインと会談している。

二〇年一一月の総選挙を巡り、両者の関係が険悪さを増していた時期である。会談自体はミャンマーの国営紙で写真付きで取り上げられたが、協会の前のデモ参加者たちは「実際に何を話したのか」と疑問をぶつけた。

協会のホームページの渡邉のあいさつで、こんなくだりがある。

「1988年に大規模デモから内乱が拡大し、国内治安安定のためやむをえず軍政になって以来、ミャンマーに対する制裁措置が取られた」

「内乱」のため「やむをえず軍政」という言葉には、国軍へのシンパシーが表れている。テインセインと親交が深く、政界を引退した身ながら、ミンアウンフラインとも会談している事実はミャンマー人にも知られている。

クーデター後、筆者も協会を通じて取材を申し込んだが、「今回の情勢についてのマスコミ取材は一切お断りしている」との返答だった。

デモの最中、強い雨に打たれながら、レインコートに身を包んだミャンマー人たちは相次いでマイクを握り、叫んだ。

「このままなら日本ミャンマー協会を潰す」「日本ミャンマー協会はいらない」

「いらない、いらない」。一〇〇人近い参加者の間から、呼応する声が上がった。

五月下旬、渡邉の息子の祐介・同協会常務理事は英字誌への投稿で、クーデターを起こしたミンアウンフラインを擁護した。
国軍寄りの団体との烙印を押されかねなくなっている。

†将官級交流プログラム

ミャンマーとの関係で、日本はスーチーら国民民主連盟（NLD）側と国軍側の双方にパイプがあるといわれる。

代表的なパイプを挙げるならば、民間では渡邉のほか、公益財団法人「日本財団」の笹川陽平会長になるだろう。

日本財団は一九六二年に設立された財団法人「日本船舶振興会」を前身とする。同振興会の初代会長は笹川陽平の父・良一（故人）だった。

ボートレース（競艇）の実施を規定するモーターボート競争法に基づき、日本財団は国土交通相が指定する「船舶等振興機関」に位置付けられている。競艇の売上金のうち、七五％は的中舟券の購入者に払い戻され、二五％はレースを主催した地方自治体に入る。日本財団には売上金の三％が、地方自治体を通して入る仕組みになっている。日本財団は競艇の売上金を財源に、国内外で福祉や教育などの事業を手掛けている。

ミャンマーについては、日本財団は一九七六年、ネウィン政権の時代からハンセン病対策事業を開始。少数民族地域での学校建設や農業支援にも携わってきた。

こうした経緯から、笹川は二〇一三年、ミャンマー国民和解担当日本政府代表に任命され、ミャンマー国内の和平に向け、政府と少数民族間の対話を促す役割も与えられている。

首相官邸に近い東京都港区赤坂の日本財団ビル前でも四月二二日、在日ミャンマー人たちがデモを開いた。笹川とミンアウンフラインが肘掛け付きの椅子に座り、会談している写真を掲げる参加者もいた。

「日本財団は国民を殺す国軍を育成している」。ミャンマー人たちはマイクを通し、非難の声を上げた。

ミャンマー人たちが冷たい目を向けたのは、日本財団が毎年実施してきた「日本・ミャンマー将官級交流プログラム」だ。

日本財団は毎年、ミャンマー国軍の将官級一〇人を招聘している。防衛省本部や陸・海・空の自衛隊基地の視察、陸上自衛隊による国内最大規模の実弾射撃演習「富士総合火力演習」の見学、国軍の創設者に当たる故アウンサン将軍が滞在した静岡県浜松市に建てられた碑への訪問などがスケジュールに盛り込まれている。

筆者も一七年八月、都内で開かれた訪日団の歓迎パーティーに顔を出した。日本側は笹川、小野寺五典防衛相（当時）のほか、日本ミャンマー協会の渡邉会長があいさつ。訪問団のエーウィン中将は「ミャンマー国軍は、日本によって作られたと言っても過言ではない」と謝意を述べていた。

民主国家における軍の在り方に触れてもらうのが事業の目的だが、クーデター後、多数の国民の犠牲を生んだ国軍の振る舞いは、そうした狙いの実現とは乖離している。「総選挙の監視団の代表として、笹川会長には説明責任がある。何も言わないのは、納得できない」。デモの参加者らは二〇年一一月の総選挙との関わりの面でも、笹川への不満を表した。

日本政府は総選挙に際し、笹川を団長とする選挙監視団を派遣した。監視団はヤンゴン管区の投票所を訪問し、投票の流れなどを点検。笹川は「選挙が自由かつ公正な方法で平和的に組織された」と表明していた。

だが、国軍は選挙に不正があったと主張し、クーデターの口実とした。監視団としては作業の成果を否定され、メンツを潰された。

さらに、ミャンマー国民和解担当日本政府代表として少数民族武装勢力に締結を促してきた全土停戦協定（NCA）は、署名済みの一〇勢力が一斉にクーデターに反発したうえ、国軍が一部勢力に攻撃を加えたため、崩壊の危機を迎えている。

ところが、笹川は二月二日、ブログで「アメリカをはじめ、各国が早急な経済制裁を実施しないことを願う」「制裁が行われれば、ミャンマーの隣国・中国の影響力が増大する」と懸念し、制裁に踏み切る可能性がある米国について「何としてもアメリカを説得する日本の外交努力が喫緊の課題」などと主張したほかは、クーデターに関する目立った発言がなかった。

デモの終わりに、参加者は日本財団関係者に、ミャンマー国民に協力し、国軍への支援を停止するよう求める笹川宛ての嘆願書を渡した。

デモから三週間後、笹川はブログで久しぶりに、クーデターについて触れた。「2月1日以降も人命尊重に向け、懸命の説得工作を重ねた。にもかかわらず極めて残念な事態に発展したミャンマーの現状は、痛恨の極みだ」と記した。一方で「私の立場はそれぞれの指導者に寄り添い、信頼を勝ち得ることが大切である。言葉には細心の注意が必要と心している」「任務を全うするため、あえて「沈黙の外交」を堅持する」と述べ、ミャンマー人らの嘆願に対する直接の評価やコメントはなかった。

「沈黙の外交」の先に何があるのか。ミャンマー人たちは見極めようとしている。

†「親しい関係にある大切な国」

官の立場で最大のパイプは、丸山市郎ミャンマー大使だろう。

ミャンマー語が堪能で、スーチーとも親交が深いのは第二章で述べた通りである。ロヒンギャ問題を巡り、ラカイン州に赴き、ロヒンギャらから話を聞くなど行動力もある。

二一年二月二〇日、ヤンゴンの日本大使館前に、クーデターに抗議し、日本に支援を求める市民たちやその様子を取材する現地メディアが集まった。丸山は大使館の門を開けて路上に出て、自ら直接、市民らの要望書を受け取った。

丸山はミャンマー語で「ミャンマーは日本と親しい関係にある大切な国で、日本政府としてミャンマーの国民の声を無視することはない」とスピーチした。国軍に対して、拘束されているスーチーらの解放や平和的な解決を求めているとも明かした。

市民への対応は、現地メディアを通じて報道され、日本など他国に住むミャンマー人からも、フェイスブック（FB）上などで称賛や感謝の声が相次いだ。

この称賛を受けた後、クーデターに関連して、丸山は批判も浴びている。

三月八日、日本大使館はFBに「丸山大使は、ワナマウンルウィン外相に申し入れを行いました」と投稿した。投稿はミャンマー語、英語、日本語を使い、丸山がワナマウンルウィンに、市民への暴力の停止やスーチーらの早期解放、民主的な政治体制の速やかな回復を強く求めたと伝えた。

ミャンマーの市民感情を考慮すると、投稿は軽率だった。

外相はそもそも、スーチーが国家顧問とともに兼任していた。ワナマウンルウィンは国軍が「外相」として任命した人物だ。市民らは「人々が選出した外相ではない」「日本は軍政を応援するのか」などと非難する書き込みをした。

また、ロヒンギャの迫害問題を巡り、丸山の発言が物議を醸した出来事もある。

一九年一二月二七日、ミャンマーのニュースサイト「イラワジ」に、丸山のインタビューが掲載された。

同月一一日、スーチーが国際司法裁判所（ICJ）の口頭弁論に出廷し、ミャンマー国軍によるロヒンギャに対するジェノサイド（民族大量虐殺）の意図を否定していた。

丸山はインタビューで「国軍がジェノサイドをはたらいたとは思わない。国軍がラカイン州のイスラム教徒すべてを殺す意図があったとも思わない」とスーチーの主張を支持。

「もし人権侵害があったら、ミャンマー自身で訴追するのが重要だ」とICJへの訴え自体に疑義を示した。

筆者は記事を読んだ瞬間、「大丈夫かなあ。評価が早すぎないか」と不安を覚えた。日本はICJの強制管轄権を受諾し、国際社会における「法の支配」の確立を目指している。これまで日本から、皇后様の父で外交官の小和田恒ら七人が、前身機関を含めてICJの判事として選出されている。

日本が重視する国際的な司法手続きに乗った以上、当事者国の片方に肩入れするのは好ましくない。まして、この訴訟は一九年一一月にガンビアがICJに提訴し、審理が始まったばかり。個人としての受け止め方はどうあれ、日本政府を代表する立場にある大使として、拙速な評価は避けるべきだった。

案の定、ロヒンギャの間で批判が沸き上がり、日本でも外務省前でロヒンギャのデモが起きた。

タイの首都バンコクから遠く離れたミャンマー国境近くで会ったロヒンギャにも、「日本の大使はミャンマー政府や国軍の味方だ」と不満をぶつけられ、「こんな場所でも言われるのか」と少し驚いた。

SNS全盛の時代、目に付く発言は良くも悪くも、コミュニティ内であっという間に共有される。

ICJを巡る丸山の対応は、ややバランス感覚を欠いていたが、ミャンマーへの思い入れは、抗議デモの市民に直接応じた出来事でも伝わってくる。

五月に日本人ジャーナリストの北角裕樹が解放された際、茂木敏充外相は丸山や笹川によるミャンマー側への働き掛けがあったと説明した。

人脈を生かしつつ、クーデターには毅然とした態度を示して、ミャンマー市民の人権や民主主義の回復のため、力を傾けていくことを望みたい。

†決断のとき

高田馬場駅前の商店街「さかえ通り」の奥に、在日ミャンマー人社会のリーダーの一人タンスウェが営むミャンマー料理店「スィウ・ミャンマー」がある。ミャンマーの代表的な麺「モヒンガー」や炊き込みご飯「ダンバウ」などの料理の写真が、壁一面に並ぶ。

「こんなに厳しい状況なのに、日本政府としてなぜもっと、国軍にプレッシャーをかけないのか。なぜ政府開発援助（ODA）を続けるのか」

二一年三月一七日、クーデターの犠牲者が増加の一途をたどるなか、タンスウェは不満を漏らした。同月九日には、日本政府はミャンマー国内外にいるロヒンギャの避難民への人道支援のため、一九〇〇万ドル（約二一億円）の緊急無償資金協力（返済不要の緊急援助）を実施すると発表していた。

タンスウェが日本に亡命するきっかけになった一九八八年の国軍による民主化運動の弾圧後も、日本政府は欧米と一線を画し、ミャンマーに対し「関与外交」を続けた。相手を威圧するのではなく、援助などを通じて同調させていく政策だ。

この基本方針のもとで、八八年まで総額五一一七億円に上った日本のODAは、民主化運動の弾圧で激減したものの、継続された。

二〇一一年にミャンマーが民政移管し、テインセイン政権が成立すると、ODAの本格再開が決まり、一三年には第二次安倍晋三政権のもとで、五〇〇〇億円に上るミャンマーの累積債務が帳消しにされた。一九年度、日本の対ミャンマーODAは一八九三億円。ミャンマーにとって、日本は最大の援助国となっていた。

ODAの本格再開が決まったのは、官民そろって「アジア最後のフロンティア」というキャッチフレーズのもと、ミャンマーブームに沸いていた時期だ。

だが、改革路線を進めたとはいえ、テインセインは元国軍の軍人であり、国軍にさまざまな特権を与えた〇八年制定の憲法は厳然と存在していた。

時がたち、スーチー率いるNLDが政権を取り、ミャンマーのいびつな民主化への警戒感は薄らいでいた。今回のクーデターはそれが希望的観測だったことを物語っている。

進出ブームから約一〇年。四〇〇社以上に増えた日系企業の活動が停止を余儀なくされたばかりか、駐在員ら在留邦人の保護という切実な問題が持ち上がっている。

日本の対ミャンマー政策、特に国軍との向き合い方は有効だったとは言えず、検証と再構築の必要に迫られている。

タンスウェは二一年四月二五日、国軍に反発するNLD議員らで作る「連邦議会代表委員会（CRPH）」の支援団体「サポートCRPHジャパン」を設立し、会長に就いた。

タンスウェは訴える。

「日本は一九八八年の民主化運動が弾圧された後の軍事政権を認めた。同じことをしてはならない」

在ミャンマーの日本人経営者らが二〇二一年四月、日系企業に勤めるミャンマー人一四五人に実施したアンケートで、九割超が日本は国軍に何らかの経済制裁をすべきだと回答。

ODAについても約九割が停止すべきだと答えた。

継続中の案件を含め、今後、ミャンマーへのODAをどうしていくのか。挙国一致政府(NUG)側との関係構築をどうするのか。日本政府の姿勢は、はっきり見えてこない。

多くのミャンマー市民の血が流れ、民主主義の根底が破壊された状況のなか、関与外交の名のもとで、曖昧な態度を続けてばかりはいられなくなっている。

あとがき

筆者が初めてミャンマーを訪れたのは学生時代の終わり、一九九五年三月ごろだった。ミャンマーでは、八八年の民主化運動を弾圧した国軍が政権を掌握していた。入国のためのビザはタイのバンコクで取った。日本よりも、スムーズに取得できると聞いていたからだ。

ミャンマーに入国時、旅行客は一定額のドル（確か三〇〇ドルほど）を外貨兌換券（FEC）に両替しなければならなかった。軍政が義務付けた評判の悪いシステムだ。

ヤンゴンの空港に到着後、学生にとっては安くない金額のドル紙幣を取り出し、カウンターでFECに交換した。市街地に向かうタクシーで、同乗したドライバーの助手風の男に両替を持ちかけられた。町中での買い物に必要なチャットの持ち合わせがなかったので応じたが、後で確認すると、ひどく安いレートでFECを買い取られていた。その後、仕事で何度もミャンマーを訪れたが、詐欺のような行為に遭ったのは、二〇年以上前のこのときしかない。

アウンサンスーチーは八九年以降、一回目の自宅軟禁下に置かれていた。東欧で共産主義独裁体制が崩壊し、中国で天安門事件が起きて間もなく、九一年にノーベル平和賞を受けたスーチーは、民主化を希求する時代の象徴として、世界の人に受け止められていた。近年でいえば、二〇一四年に史上最年少の一七歳で同賞を受けた人権活動家マララ・ユスフザイや、環境活動家のグレタ・トゥンベリと重なるイメージがあるが、一国の未来を背負う期待を受けた人間という点で、存在感は彼ら以上だったように思う。

ヤンゴンで筆者が一番見てみたかったのは、黄金色に輝くシュエダゴン・パゴダでも、独立の英雄の名を冠したボージョー・アウンサン・マーケットでもない。軟禁されているスーチーの自宅だった。

ホテルで車を手配し、運転手に「スーチーの家に行きたい」と頼むと、しばらく走って、木が茂った広い敷地の入り口に連れて行かれた。敷地から出てきた民族衣装ロンジー姿の男性に「ここは学校だ」と追い払われた。奥には小銃を担いだ警備の人間が見えた。

筆者の記憶では、近くに湖と日本大使館があった。

振り返ると、おかしな気がする。スーチーの自宅は確かに湖畔にある。ヤンゴン北部のインヤ湖のほとりだ。だが、日本大使館の近くにあるのはカンドージ湖。二つの湖は三キロ以上離れている。ひょっとしたら、湖が違ったのではないか。運転手は面倒に巻き込まれたくなかったのではないか。

今なら、GPS機能の付いているスマートフォンで一枚写真を撮り、後で位置情報を確認すればいい話だが、携帯電話を個人で持っているのが希《まれ》な時代だった。中低層の古い建物が並ぶヤンゴンで、市民の移動手段の主役は中国製の自転車だった。高層ホテルや大型ショッピングモールが立ち、配車アプリでタクシーが簡単に呼べるときが来るとは、想像できなかった。

その後、筆者は中日新聞社に入社し、二〇一七年九月から三年間、東京新聞・中日新聞のバンコク支局特派員として、アジアやオセアニアを担当した。

一九年六月、バンコクで開かれたASEAN関連の首脳会議で、カメラ取材の申請をして、首脳たちの姿を撮影した。

スーチーがファインダーに入ったときは、「ああ、本物だ」と最初、指が震えた。スーツ姿の首脳たちのなかで、ロンジーをまとったスーチーは目を引いた。後で画像を見ると、それなりの年輪を感じた。考えてみれば、自分の母親と同じ年代だ。

誕生日を迎えたばかりのスーチーは七四歳だった。とはいえ、取りわけ高齢だったわけではない。フィリピンのドゥテルテ大統領はスーチーと同い年。マレーシアのマハティール首相（当時）に至っては九三歳だった。

ただ、ドゥテルテやマハティールと決定的に違う点がある。二二年に任期を迎えるドゥテルテの後には、長女サラの名前が挙がっている。マハティールは二〇年、後継者争いを巡って辞任。腹心だったムヒディンが首相となった。

評価はさまざまだが、二人には次を狙う人材がいた。一方、スーチーには有力な後継候補がいないまま、クーデターが起きた。四半世紀以上にわたり、民主化運動を引っ張ったスーチーに代わる指導者が現れてこなかったのも、ミャンマーの弱点かもしれない。

二一年二月一日早朝、クーデターの一報に触れたときには、不思議な感覚に包まれた。半分以上は驚き。残りの半分弱は「起きてしまったか」という、一歩引いたような気持ちだった。

国軍が憲法上、特殊な地位にあり、総選挙後はＮＬＤ政権への不満を強めているという知識が頭にあった。ミャンマーにしろ、前年まで駐在していた隣国のタイにしろ、クーデターは過去に何度か起きていた。

だが、ほどなくして、冷めて眺めていられるほど、状況は甘くないと痛感することになった。市民の強い反発に、国軍は妥協や反省を露ほども見せず、一方的に宣言した「非常事態」のもと、平和的な抗議活動でさえも、暴力で抑えつけはじめた。

ネピドー、ヤンゴン、ラショー、ミッチーナ、ロイコー……。筆者が過去に訪れた町で、犠牲者が出たというニュースが入ってきた。クーデターまでは、いずれも危険な匂いのする場所ではなかった。

驚きや冷めた気持ちに代わり、「ここまでやるのか」という怒りが心に満ちてきた。

本書は、バンコク駐在中に、たびたび訪れたミャンマーや周辺国での取材に加え、日本帰国後、国内で取材したり、オンラインでミャンマーの人から話を聞いたりした内容をもとに構成されている。

本文で表記した年齢や肩書きは原則、取材時のままとし、敬称を省略した。基本的には実名だが、相手の身の安全を考慮して、愛称や匿名、仮名にしたケースも一部ある。ミャンマー人には姓名の区別がない人が多いが、少数民族には例外もある。日本語の「さん」のような敬称がそのまま名前の一部のように使われているなど、判断に迷うケースにも遭遇した。名前の表記の仕方にいくらかのばらつきがあるのはお許しいただきたい。通貨の換算は特記がない限り、二一年六月初旬のレートを使用している。

二〇年中に日本に帰任になり、コロナ禍でミャンマーに入国するのが難しくなったため、クーデターが起きた現場に赴けず、もどかしさを禁じ得ないが、ならば、ミャンマー国外の出来事に接する機会を生かし、幅広い視点を加えようと考えた。抗議活動のたび、在日ミャンマー人たちのクーデターへの憤怒や犠牲者に向ける悲しみ、母国の未来への不安をひしひしと感じた。

クーデター後、ミャンマーに関するニュースは、国軍の弾圧と市民らの抵抗が中心になっている。

今その動向に注目が集まるのは当然だが、クーデター前、ミャンマー関連のニュースで最大のテーマといえば、ロヒンギャ迫害だった。ロヒンギャ問題は難民帰還も含め、目立った進展のないまま放置されている。

ミャンマーにはロヒンギャだけでなく、「ワ」のように、一般の日本人なら耳にしない名前の民族を巡る問題も存在する。民主主義の土台となるべき報道や表現の自由も未成熟だった。クーデター前のミャンマーを取材した者として、見落とされそうな同国の複雑な事情についても伝えたいと考え、本書の第三章と第四章をまとめた。

第五章でも触れたが、日本が今後、ミャンマーとどのように関わっていくのか、とても気にかかる。日本政府はクーデターを非難するコメントを発したが、欧米の経済制裁のような、明確な行動には出ていない。

政府はクーデター後、三月にミャンマー国内外のロヒンギャへの二〇億円規模の支援を決めたのに加え、五月一四日にはクーデターの影響を受ける住民の食糧支援のため、四〇〇万ドル（約四億四〇〇〇万円）を出すと決めた。いずれも、国際機関を通じた緊急無償資金協力の形をとっている。

ODAについては、国軍側にカネが流れるような事業は一切ストップするのか。茂木敏充外相は五月二一日、記者会見で「このままの事態が続けばODAを見直さざるを得ない」と述べた。日本が求める暴力の即時停止や拘束者の解放に関するミャンマーの対応などから見極めていく意向を示したが、クーデターから既に三カ月半以上たっていた。数百人単位の市民の血が流れているにもかかわらず、判断を先送りしていないだろうか。

日本はミャンマーの民主化の進展を前提に、ODAを本格再開し、五〇〇〇億円に上るミャンマーの累積債務を帳消しにした。クーデターは、借金の踏み倒しともいえる振る舞いだ。日本の国民は納税者という面からも、もっと国軍に怒りの声を上げ、政府にODAの見直しを迫っていい。

日本が関わった少数民族との和平プロセスも、国軍はクーデターで瓦解させた。日本政府が対ミャンマー政策を再構築するのは当然のはずだが、方向性や目指す地点がはっきりせず、ミャンマー人の間に疑心暗鬼を生んでいる。

ミャンマーを含め、東南アジアで取材していると、日本の外交政策を巡ってよく聞くのが「あまり相手国の問題を追及すると、(その国が)中国寄りになってしまう」というエクスキューズだ。

一一年の民政移管後、ミャンマーから留学や就労のため来日する人は、技能実習制度の拡充の影響も受けて大幅に増加した。ミャンマー人の日本に対する知識は、急速に深まっている。中国への対抗心から人命を軽視するような態度をちらつかせたら、あっという間にSNSなどを通じて広まる。ミャンマー人は親日的だとしばしば言われるが、冷静な目で日本の動向を見ていると心に刻んでおいたほうがいい。

今回のクーデターは日本人にとって、対ミャンマー外交の在り方以外にも、深く考えさせられる点がある。

権力者を縛るのではなく、特別な権限を与える憲法が、どれほど恐ろしい結果をもたらすか。文民統制のない軍隊が暴走したら、どれだけの犠牲が生じるか。

日本の憲法や安全保障を巡る論議のなかでも、欠かせない視点であると思い知らされた。


本書の執筆にあたって、取材した国内外の有識者の話や著作を参考にした。特に上智大教授の根本敬先生、政策研究大学院大学教授の工藤年博先生、京都大准教授の中西嘉宏先生のお話や著書は大きな助けになった。

現在進行中の出来事をテーマにしたため、本書の執筆は走りながらの突貫作業となった。書き足りない部分は多々ある。それでも、ミャンマーに対する関心やクーデターへの問題意識を少しでも高められればと思い、筆を執った。

今後、クーデターに至る経緯や国軍の内情、弾圧の実態について、多様なレポートが出るように望む。もし、そうした情報が途絶えるようであれば、国軍に統制された極めて憂慮すべき状況に陥っていることを意味する。

ミャンマーは多様性に満ちている。それが魅力であり、難しさでもある。筆者が描いた内容は、筆者の目から見たミャンマーのごく一部でしかない。ミャンマーは一つの本ですべてを説明できるような国ではない。読者の方には、時間が許す範囲で、さまざまな立場の人が手掛けたミャンマーに関する書籍に触れることをお勧めしたい。

本書を担当していただいたちくま新書編集部の藤岡美玲氏には、構成から文章表現まで的確なアドバイスをいただき、感謝の念に堪えない。

妻と娘には、バンコク支局在勤中から大変負担をかけた。ソンクラン（タイ正月）の休みの時期にもかかわらず、家族を置いての出張が連続したこともある。この本をいつも支えてくれる二人に捧げたい。

バンコクに駐在していたころに亡くした父に、本の完成を報告できなかったのは、唯一の心残りだ。

ミャンマーが抱える複雑な問題を解決するには時間がかかる。ただ、クーデターへの抗議活動に焦点を当てるならば、在日ミャンマー人のリーダーであるチョウチョウソーが言ったように、必ず実を結ぶと思う。自由の価値を知った人々に、理不尽な束縛など到底受け入れられない。

最後に、あらためて記しておきたい。

国軍がどのような言い訳をしようと、これだけ多くの命を奪ったクーデターは正当化できない。現代史に残る蛮行として、記録されるべきである。

北川成史

ミャンマー年表

1752年		ビルマ人がコンバウン朝を開く
1824年		計三次にわたる英緬戦争始まる（1885年まで）
1885年		第三次英緬戦争でコンバウン朝滅亡。翌86年、ミャンマーが英領に編入される
1941年	12月	日本軍の指導でアウンサンらのビルマ独立義勇軍（BIA）結成。翌月、BIAがミャンマー侵攻
1945年	6月19日	アウンサンスーチー生まれる
1947年	2月12日	少数民族の一部とパンロン協定締結。自治権を認める連邦制について合意
	7月19日	アウンサン暗殺
1948年	1月 4日	ミャンマー、英国から独立（当時の国名はビルマ連邦）
1962年	3月 2日	国軍のネウィン大将によるクーデターで、軍事政権の成立
1982年		国籍法改正
1988年	8月 8日	ネウィン退陣後、民主化を求める大規模なデモとゼネスト（「8888」運動）。スーチーが集会で演説し、表舞台に（26日）
	9月18日	国軍がクーデターで国家法秩序回復評議会（SLORC）結成。国民民主連盟（NLD）政党登録（30日）
1989年	7月20日	スーチー、自宅軟禁に。これより2010年11月13日まで3度、計約15年にわたり軟禁される。1991年にノーベル平和賞受賞
1990年	5月27日	総選挙でNLDが圧勝。軍政は結果を無視
1992年	4月23日	タンシュエ将軍が国軍総司令官とSLORC議長に就任
2007年	9月	僧侶と市民の反政府デモ発生。軍政が鎮圧。日本人ジャーナリスト長井健司射殺される
2008年	5月29日	新憲法の国民投票。軍政は賛成率92%で承認と発表
2010年	11月 7日	総選挙実施。NLD不参加で、軍政の後継政党である連邦団結発展党（USDP）勝利
2011年	3月30日	USDP率いる元軍人のテインセイン大統領の政権発足。一応の民政移管。ミンアウンフラインが国軍総司令官に就任
2012年	4月 1日	連邦議会の補欠選挙でスーチーらNLD候補者が当選
2015年	11月 8日	総選挙でNLDが圧勝
2016年	3月30日	NLD政権発足。大統領はティンチョー。スーチーが国家顧問に就任（4月6日）
	9月 5日	ロヒンギャ問題を巡り、アナン元国連事務総長を議長とするラカイン州諮問委員会発足。17年8月24日に最終報告書提出
2017年	8月25日	ラカイン州北部でアラカン・ロヒンギャ救世軍（ARSA）が警察・国軍施設30カ所以上を襲撃。国軍が掃討作戦開始
	12月12日	インディン村のロヒンギャ虐殺を取材していたロイター通信のミャンマー人記者2人を逮捕
2018年	3月30日	ティンチョーに代わり、ウィンミンが大統領に就任
	9月 3日	ロイター記者2人に国家機密法違反罪で禁固7年の実刑判決。19年5月7日に恩赦で釈放
	9月18日	国連人権理事会が設置した国際調査団（IIFFM）が、ロヒンギャへのジェノサイドの疑いを指摘する報告書を提出
2019年	12月11日	スーチーが国際司法裁判所（ICJ）の口頭弁論でロヒンギャへのジェノサイドを否定。国内では応援デモ
2020年	1月20日	ロヒンギャ問題でミャンマー政府が設置した独立調査委員会（ICOE）が報告書を提出。ジェノサイドを否定
	1月27日	NLDが主導する憲法改正案、連邦議会に提出。国軍の権限を弱める内容は同年3月にすべて否決
	11月 8日	総選挙でNLDが再び圧勝
2021年	2月 1日	国軍によるクーデター

主要参考文献

アウンサンスーチー著、マイケル・アリス編（ヤンソン由美子訳）『自由――自ら綴った祖国愛の記録』集英社、一九九一年、のちに角川文庫
アウンサンスーチー（伊野憲治編訳）『アウンサンスーチー演説集』みすず書房、一九九六年
宇田有三『閉ざされた国ビルマ――カレン民族闘争と民主化闘争の現場をあるく』高文研、二〇一〇年
宇田有三『観光コースでないミャンマー（ビルマ）』高文研、二〇一五年
長田紀之、中西嘉宏、工藤年博『ミャンマー2015年総選挙――アウンサンスーチー新政権はいかに誕生したのか』、アジア経済研究所、二〇一六年
キンニュン（千葉大学研究グループ解題）『ミャンマー西門の難題――〝ロヒンギャ〟がミャンマーに突きつけるもの』恵雅堂出版、二〇一八年
春日孝之『黒魔術がひそむ国――ミャンマー政治の舞台裏』河出書房新社、二〇二〇年
日下部尚徳、石川和雅編著『ロヒンギャ問題とは何か――難民になれない難民』明石書店、二〇一九年
工藤年博編『ミャンマー経済の実像――なぜ軍政は生き残れたのか』アジア経済研究所、二〇〇八年
工藤年博編『ミャンマー政治の実像――軍政23年の功罪と新政権のゆくえ』アジア経済研究所、二〇一二年
工藤年博編『ポスト軍政のミャンマー――改革の実像』アジア経済研究所、二〇一五年
斎藤紋子『ミャンマーの土着ムスリム――仏教徒社会に生きるマイノリティの歴史と現在』風響社、二〇一〇年
高野秀行『アヘン王国潜入記』集英社文庫、二〇〇七年

田中義隆『ミャンマーの歴史教育――軍政下の国定歴史教科書を読み解く』明石書店、二〇一六年
田辺寿夫『ビルマ――「発展」のなかの人びと』岩波新書、一九九六年
タンミンウー(秋元由紀訳)『ビルマ・ハイウェイ――中国とインドをつなぐ十字路』白水社、二〇一三年
永井浩、田辺寿夫、根本敬編著『「アウンサンスーチー政権」のミャンマー――民主化の行方と新たな発展モデル』明石書店、二〇一六年
中坪央暁『ロヒンギャ難民 100万人の衝撃』めこん、二〇一九年
中西嘉宏『軍政ビルマの権力構造――ネー・ウィン体制下の国家と軍隊 1962―1988』京都大学学術出版会、二〇〇九年
中西嘉宏『ロヒンギャ危機――「民族浄化」の真相』中公新書、二〇二一年
根本敬、田辺寿夫『アウンサンスーチー――変化するビルマの現状と課題』角川書店、二〇一二年
根本敬『物語 ビルマの歴史――王朝時代から現代まで』中公新書、二〇一四年
ピーター・ポパム(宮下夏生、森博行、本城悠子訳)『アウンサンスーチー――愛と使命』明石書店、二〇一二年
藤川大樹、大橋洋一郎『ミャンマー権力闘争』角川書店、二〇一七年
ベネディクト・ロジャーズ(秋元由紀訳)『ビルマの独裁者タンシュエ――知られざる軍事政権の全貌』白水社、二〇一一年
その他、東京新聞、朝日新聞、日本経済新聞、毎日新聞、読売新聞、産経新聞、ロイター通信、AFP通信、AP通信、イラワジ、ミャンマータイムズ、グローバル・ニュー・ライト・オブ・ミャンマーなどの記事を参照した。

ちくま新書
1587

ミャンマー政変《せいへん》
――クーデターの深層《しんそう》を探《さぐ》る

二〇二一年七月一〇日　第一刷発行

著者　北川成史（きたがわ・しげふみ）

発行者　喜入冬子
発行所　株式会社 筑摩書房
東京都台東区蔵前二―五―三　郵便番号一一一―八七五五
電話番号〇三―五六八七―二六〇一（代表）
装幀者　間村俊一
印刷・製本　株式会社 精興社

ISBN978-4-480-07412-6 C0231